CAHIERS DES MARCEL DUCHAMP CONNEXIONS
I
LES MOTIFS DU *GRAND VERRE*
DE MARCEL DUCHAMP:
ET LES COURTS-MÉTRAGES D'AVANT-GARDE

Norbert-Bertrand Barbe
Membre Honoraire de l'Académie Nicaraguayenne de la Langue

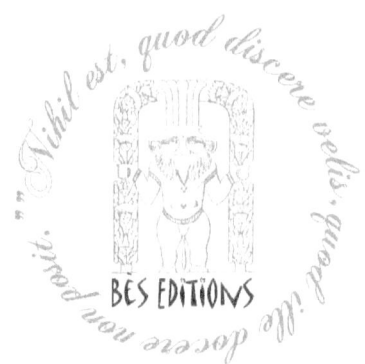

BÈS EDITIONS

"L'archidiacre ne l'entendait pas. «Oh! insensé! reprit-il sans quitter la lucarne des yeux. Et quand tu l'aurais pu rompre, cette toile redoutable, avec tes ailes de moucheron, tu crois que tu aurais pu atteindre à la lumière! Hélas! cette vitre qui est plus loin, cet obstacle transparent, cette muraille de cristal plus dur que l'airain qui sépare toutes les philosophies de la vérité, comment l'aurais-tu franchie? O vanité de la science! que de sages viennent de bien loin en voletant s'y briser le front! que de systèmes pêle-mêle se heurtent en bourdonnant à cette vitre éternelle!»"

(Victor Hugo, *Notre-Dame de Paris 1482*, VII-V)

AVERTISSEMENT AU VOLUME

"Semper ego auditor tantum? Numquamne reponam
Vexatus toties rauci Theseide Codri ?
Impune ergo mihi recitaverit ille togatas,
Hic elegos? Impune diem consumpserit ingens
Telephus ? aut summi plena jam margine libri
Scriptus, et in tergo, necdum finitus Orestes?"
(Juvénal, *Satires*, I, v. 1-6)

Le présent ouvrage analysera, pour la première fois - mais, pour la complexité potentielle du raisonnement, il nous semble utile, outre le (long) résumé final, d'intégrer ce plan synoptique préalable au développement -, les éléments suivants d'approche de l'oeuvre paradigmatique de Marcel Duchamp.

Nous les donnons à continuation, sans les développer (ce processus sera celui de notre texte):

1. La comparaison des motifs du *Grand Verre* avec ceux des courts-métrages des artistes de l'avant-garde.

2. La comparaison des motifs du *Grand Verre* avec ceux, notamment sexuels, des oeuvres des artistes contemporains de l'avant-garde; et, dans ce cadre, le rapprochement (comme nous l'avons fait, dans la présente Collection, dans notre ouvrage sur René Magritte), primordial (bien que jamais, ou peu - c'est-à-dire sans démonstration ni systématicité - fait par les exégètes nous ayant précédé, aussi bien en ce qui concerne l'art d'avant-garde que l'oeuvre de Duchamp), entre les symboles sexuels utilisés par les artistes d'avant-garde, dont Duchamp, donc, et ceux décrits par Sigmund Freud dans ses ouvrages, notamment dans *L'interprétation des rêves*.

3. La comparaison des motifs du *Grand Verre* avec ceux de la littérature et de la poésie d'avant-garde.

4. La comparaison des motifs du *Grand Verre* avec ceux, plus précisément, des oeuvres de Man Ray, Francis Picabia, Max Ernst.
5. Dans cette recherche, la comparaison des motifs du *Grand Verre* avec ceux, préalables, employés par les artistes symbolistes de la fin du XIXème siècle.
6. La comparaison des motifs du *Grand Verre* avec ceux, que l'on pourrait nommer d'itération interne, à son oeuvre propre.
7. Dans ce cadre, la comparaison des motifs du *Grand Verre* avec ceux de ses notes, entrevues et écrits, notamment de ses notes et écrits pour et autour du *Grand Verre*.
8. La comparaison des motifs du *Grand Verre* avec ceux des oeuvres de ses frères, Jacques Villon et Raymond Duchamp-Villon, mais aussi et surtout avec ceux présents dans l'oeuvre de sa soeur, Suzanne Duchamp.
9. Finalement, la comparaison des motifs du *Grand Verre* avec la forme des instruments obstétriques, gynécologiques, ainsi qu'avec les espaces physiques (laboratoires) pour les examens du corps féminin, tels qu'ils apparaissent dans les ouvrages et catalogues de l'époque.

Ces neuf groupes d'analyse, consécutifs dans le présent travail, sont ceux ("*Erudimini qui judicatis terram*" [*Psaumes*, 2, 10]), donc, le lecteur le comprend bien dès à présent, qui ont guidé, déterminé, et projeté notre analyse, son développement, et, par conséquent, notre raisonnement et nos déductions postérieurs à leur sujet.

Ces deux derniers (notre raisonnement et nos déductions) formant, par ricochet, la structure et le cadre méthodologique que nous y (à notre développement) avons appliqué à la description minutieuse, et à l'organisation autour des récurrences repérées, qui, selon nous, permettent, comme toujours, en faisant rentrer dans un cadre historicisé de reproduction thématiques les formes apparemment, en première lecture pour le spectateur, défaites de toute référence objectale.

Rentrée qui, dès lors, nous permet de les comprendre, en les abordant comme un ensemble autour d'un concept, qui les lie - c'est le sujet de l'oeuvre -, à partir de la division (donc de l'*analyse*, au sens strict, étymologique, de ce terme) de l'étude de chacun de ces motifs, révisés par rapport à leur utilisation dans l'époque.

De là, nous ferons apparaître le sens général du *Grand Verre*, comme reproduction des motifs habituels de l'époque, afin de comprendre, finalement, la mise en scène que Duchamp dans (et de) cette oeuvre précise.

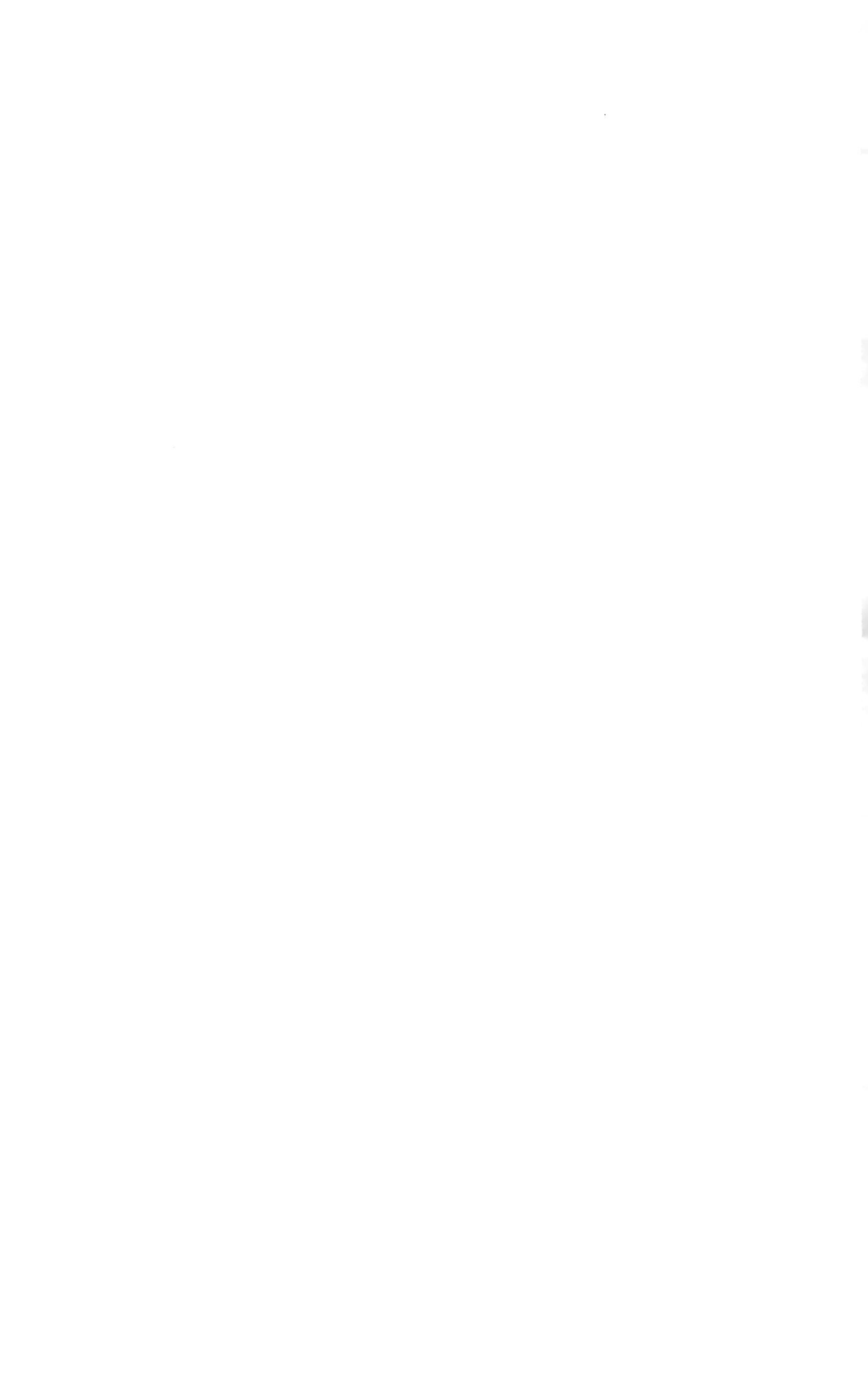

LES MOTIFS DU *GRAND VERRE*
DE MARCEL DUCHAMP:
ET LES COURTS-MÉTRAGES D'AVANT-GARDE

I. EXOTÉRIQUE
I.1. Prémisse méthodologique

Les oeuvres d'art abstrait, prises seules, offrent peu de prise à l'interprétation.

Raison pour laquelle, sans doute, si les catalogues sont nombreux, et cela est indispensable, des oeuvres des artistes individuels, ils sont, pour ainsi dire, introuvables, d'un point de vue de recoupement transversal, similaire au système warburgien de la *Mnémosyne*, pour être plus précis.

Car, de fait, les interprètes n'y pensent trouver que des motifs sans connexion claire, élus au hasard du caprice de chaque artiste. Notamment en ce qui concerne le cinéma d'avant-garde.

Or, la difficulté réside bien là, si cela est partiellement vrai - les artistes prétendant se libérer du joug thématique de la narrativité (voir en cela les déclarations introductives de Fernand Léger dans le *Ballet mécanique*, 1924, ou de Dziga Vertov dans *L'homme à la caméra*, 1929) -, ne considérer que l'oeuvre isolée de l'artiste particulier est perdre de vue le cadre général où elle naît, c'est regarder l'arbre sans prêter aucune attention à la forêt, donc à son écosystème.

I.2. Brève description historique de l'oeuvre

Le Grand Verre, réellement intitulé: *La Mariée mise à nu par ses célibataires, même* (réalisé à New York entre 1915 et 1923, les deux panneaux étant exposés au Musée de Brooklyn en 1926), l'oeuvre souffre l'accident qui lui donne son nom actuel[1].

"*Dans un entretien avec Robert Lebel (1959), Duchamp révèle que cette « mariée » est un concept qui prend sa source dans un stand de fête foraine de province : les jeunes gens devaient envoyer des projectiles sur une représentation de femme en robe de mariée afin de la déshabiller, ses atours ne tenant qu'à un fil (attraction dite du Chamboultou).*"[2]

I.3. Le mouvement circulaire dans le cinéma d'avant-garde
I.3.a. *Ballet mécanique*

dans le cité *Ballet mécanique* de Léger[3], le va-et-vient d'une femme sur une balançoire, qui débouche sur un sourire s'ouvrant et se fermant, et un canotier associé au dessin d'un cercle sur une ligne où il semble s'élever, à des boules en mouvement laissant voir le *cameraman* s'y reflétant, probable influence du ciné-oeil de Vertov, puisqu'on en retrouve l'usage dans son film également déjà cité. De ces formes circulaires en mouvement sort une tête d'homme, comme naissant, de ce vagin fantasmagorique (3'47"), juste après l'apparition des yeux de la femme agrandis, et d'un ustensile rotatif précédent l'apparition de cette forme de fausses hanches d'où surgit la tête. Après la réapparition de la boule reflétant le *cameraman* un fouet de cuisine (symbole de *La Femme* dans la photographie homonyme de 1920 de Man Ray[4]) dont le centre est similaire à une toupie (5'40"), puis un groupe de trois fouets (qui sera reproduit en 8'14"), se mettent, à leur tour, à tourner dans cette ronde affolée. De là (6'12") des hommes glissant sur un toboggan, puis les pieds d'un défilé militaire, et les images de manège (6'24") tournant nous rappelant le principe de la broyeuse de chocolat chez Duchamp. Suivent des images oblongues, d'objet tournant sur un axe, l'alternance, répétée dans le court-métrage, cercle (féminin)-triangle (masculin) - leur alternance visuelle rapide reproduisant un mouvement allusif à la pénétration du rond par le pointu -, d'ombres masculines chapeautées en mouvement dans une sorte de conduit (6'50"), puis d'un tube où passent des objets indéfinis (6'54") n'offrent pas grande difficulté à être reconnus comme des allusions spermatozoïdes. Suivent, de fait, les fameux pistons en action

(7'20"), récurrents chez Francis Picabia ou dans *Le Grand Verre*. Suit une femme obèse chargeant un sac et montant des marches en se relevant la jupe, dont l'action est reproduite en boucle, alternant avec la bouche de la femme initiale et les pistons en mouvement, ce qui, par le geste de la jupe de la femme obèse, et cette double association, rend assez évident encore le dédoublement du symbolisme sexuel ici (élévation, enfoncement, oralité). Puis apparaît la phrase "*On a volé un collier de perles de 5 millions*", dont les "*O*" isolés seront reproduits, d'un en trois (pour chiffrer les millions), inversant certaines parties de l'oraison (11'44", le complément d'objet, à son tour subdivisé en deux images: "*de 5 millions*", 11'44", et "*un collier de perles*", 11'46"). Inversion associée à l'apparition d'une sorte de harnais (11'28") censé représenté ledit collier, et à son tour représenté tournant, dont la forme, et la structure finalement horizontalisée, rappellent à la fois la forme approximative d'un sexe féminin et le nuage de la partie supérieure du *Grand Verre*.

Certainement, cette insistance sur le collier de perles, réduit à un état d'inversion et, par là, de nudité (puisque, dès lors, on obtient la lecture: "*selrep ed reilloc nu*" - que, personnellement, nous sommes tenté de lire, sur la base des jeux de mots de Duchamp dans ses propres films, comme, phonétiquement: "*C'est le ré de pet de raie au cul nu*" -), nous semble avoir, à son tour, une double origine: freudienne, tout d'abord. En effet, dans *Contribution à la conception des aphasies* (*Zur Auffassung der Aphasien. Eine kritische Studie*, 1891), premier ouvrage publié par Freud en 1891, celui-ci postule que les mots s'enfilent comme des colliers de perles, qu'ils n'ont de sens qu'en tant que ce sont les substantifs qui donnent l'idée générale de la représentation par le double effet du mot en mouvement et de son image dans la *psyché*[5]. Or c'est bien là ce que reproduit Léger. En second lieu, dans la langue verte du

XIXème siècle, "*enfiler des perles*", "*faire un chapelet ou plutôt un collier de perles*" c'est "*Enfiler toutes les femmes d'un magazin, d'un atelier ou d'un bordel*"[6]. C'est ce que fait, visuellement, Léger en mettant sous toutes les coutures ces "*O*" en enfilade, tels qu'ils apparaissent aussi dans les versions de Duchamp et de Picabia de *L.H.O.O.Q.*

Alternent, finalement, la tête de femme et celle de mannequin masculin chapeauté (12'09"), puis celle de la batterie de cuisine (12'49"), qui renvoie, là aussi, pour nous, au *Grand Verre*. Le film termine sur les jambes de mannequin féminin entourant une horloge (laquelle, dans sa forme, associe la rondeur de son cadre et le pointu de son aiguille, pointu autour duquel se posent les jambes qui entourent l'objet), l'alternance chapeau et chaussure, puis sur l'image de bouteilles, comme une énorme apparaît, allusion à l'ivresse, auprès d'un ivrogne sur son banc, au début de *L'homme à la caméra*. L'image, cependant, ici nous paraît devoir être lue sexuellement (probablement d'enfoncement et de remplissage), d'autant que les bouteilles font pendant au visage de la femme.

L'usage symbolique du chapeau n'est ici pas très compliqué de comprendre.

Le court-métrage *La Cravate*[7] (1957[8]) d'Alejandro Jodorowsky étant une préfiguration, qui, pour le thème initial central du chapelier et du changement de chapeau (les difficultés pour trouver un chapeau chez Prévert se transformant inconformité des corps avec leurs têtes chez Jodorowsky), renvoie à *L'affaire est dans le sac*[9] (1932[10]) des frères Pierre et Jacques Prévert, de *Boxing Helena* (1993, Jennifer Lynch), présentant, inversement, l'homme-tête (prépuce, le changement de cravate dans le film de Jodorowsky renforçant ce concept par le symbolisme phallique connu de l'objet) posé comme buste vénéré dans la chambre de la femme. La vénération rituelle d'une femme (mère du héros) sans bras[11] est déjà le thème du film *Santa Sangre* (1989) du même Jodorowsky[12].

C'est, sans doute, la même référence, de nouveau freudienne, qu'il faut chercher au chapeau, comme à la cravate chez Jodorowsky, soit-dit en passant, en tant que symboles de l'organe génital masculin, là encore, comme souvent, dans l'interprétation des rêves, bien que cette fois dans le dixième chapitre de la Seconde Partie[13] de son *Introduction à la psychanalyse* (1917)[14], que l'on retrouve (pour les chapeaux) dans *C'est le chapeau qui fait l'homme* (1920[15]) de Max Ernst[16]. (À noter, en ce sens, que Tristan Tzara, postérieurement, dans son article "*D'un certain automatisme du goût*" de la revue *Minotaure*, Nos 3-4, 1933[17], illustré par Man Ray, reprendra, mais pour les femmes, cette fois, la question freudienne du symbolisme sexel des chapeaux[18].)

Le titre de Léger, référant à la mécanicité, fait écho aux préoccupations futuristes, constructivistes, etc., que l'on retrouve aussi bien chez Vertov que chez Picabia ou, encore une fois, dans *Le Grand Verre*.

L'insistance sur les yeux de la femme préfigure *Un chien andalou* (1929), et la femme respirant à la fin du court-métrage l'arôme des fleurs *L'Âge d'Or* (1930), tous deux de Luis Buñuel.

I.3.b. *Le retour à la raison*

À présent, *Le retour à la raison* (1923) de Man Ray[19], beaucoup plus court (2'50") que le film de Léger (16'10"), débute par l'alternance clous-cercle pour poursuivre sur la luminosité de points, qui deviennent les lumières d'un manège (0'37"), terminant par s'enfumer avec l'indication "*Danger*" (1'01"), ce à quoi suivent les inévitables lignes, ressorts, pointes et triangles

(1'17"), devenant un objet s'enroulant cônique sur lui-même (1'36"), lequel se révèle finalement comme une sorte de vrille, directement suivie par un mobile (1'52") de forme rectangulaire découpée en compartiments, qui rappelle très clairement la découpe de l'objet indéterminé de la partie haute du *Grand Verre*. Et aussi les perches de porte-manteaux[20] combinées dans le mobile (1920-1961)[21] et la photographie (1920)[22] *Obstruction* du même Man Ray, ou les également domestiques moutons de poussière de l'atelier de Duchamp photographiés comme s'il s'agissait d'une photographie aérienne d'*Élevage de poussière* (1920), toujours par Man Ray[23].

Dans un autre sens, *L'énigme d'Isidore Ducasse* (1920, reconstruit en 1972)[24], machine à coudre enveloppée d'un drap, reproduit bien la forme singulière de la Voie Lactée du *Grand Verre*.

Reprend la narration du *Retour à la raison* (2'23") par un torse féminin dont les courbes sont, à leur tour, découpées et dessinées par la lumière filtrant au travers de rideaux transparents.

"*Le Retour à la Raison (Return to Reason) is a 1923 film directed by Man Ray. It consists of animated textures, Rayographs and the torso of Kiki of Montparnasse (Alice Prin).*
The film features a small segment with his work Danger."[25]

"*Peint à l'aérographe sur une plaque de verre solidement encadrée par une armature de métal, Danger/Dancer n'a pas attendu de connaître le même sort que son fameux alter ego, Le Grand Verre de Marcel Duchamp (comme lui brisé en mille endroits et qui montre désormais les cicatrices de l'accident), pour connaître la célébrité: il fut exposé en 1920 dans la galerie de la Société Anonyme, qu'avec Walter Arensberg et Marcel Duchamp Man Ray fonde à Philadelphie; il figure à la première exposition parisienne de l'artiste, Librairie Six, en décembre 1921 (où il est titré L'Impossibilité et daté 1917-1920), puis à l'exposition «Tableaux de Man Ray et Objets des îles», Galerie surréaliste, 26 mars-10 avril 1926, ensuite à l'«Exposition internationale du Surréalisme», galerie des Beaux Arts, en janvier-février 1938, etc. C'est dire l'importance, immédiatement reconnue de l'œuvre, qui fut achetée par André Breton et resta jusqu'à la fin de sa vie dans son atelier-bureau de la rue Fontaine.*

À accrocher au mur, comme toute peinture encadrée (par une chaîne mise en place par Man Ray et qui a disparu), ou à poser sur une table (comme il l'est actuellement), tel un objet quotidien (Man Ray le cite parmi ses «objets d'affection»), ou encore à suspendre contre la lumière de la ville, telle une fenêtre (c'est ainsi que l'œuvre est photographiée dans son atelier new-yorkais, et qu'elle apparaît encore dans son atelier de la rue Campagne-Première, en 1933), ou telle une plaque photographique que l'on souhaiterait voir à la lumière du jour? L'œuvre manifeste un don d'ubiquité qui fait toute son originalité, et que relevait déjà André Breton dans «Le Surréalisme et la peinture» (La Révolution surréaliste, 1926) lorsqu'il notait qu'elle se situait «aux confins de la photographie, de la peinture et de l'objet».

Le procédé industriel de l'aérographie lui donnait, dira Man Ray, l'impression de peindre directement avec le cerveau, de mettre ainsi fin à l'usage de la main (sa première peinture à l'aérographe, en 1919, s'intitule Suicide): la rapidité d'inspiration et d'exécution est alors primordiale. Il est significatif de constater que les rouages peints en négatif sur le verre sont exactement ceux d'un dessin intitulé Perpetual Motion, daté de 1918 et exposé, en 1919, à la Daniel Gallery de New York: tirage sur papier sensible d'un cliché verre ou transposition sur verre d'un dessin? Quoi qu'il en soit, comme Picabia (qui, avec une roue mécanique, avait proposé en 1913 un Portrait d'une jeune fille américaine), l'ancien dessinateur industriel qu'était Man Ray est fasciné par les objets mécaniques, moins peut-être pour leur symbolique érotique que pour leur pouvoir de motion/emotion: à propos de Danger/Dancer, il déclarera s'être inspiré «des girations d'une danseuse espagnole vue dans une revue musicale». Déjà en 1916, il interprète la danse d'un funambule en un diagramme abstrait (The Rope Dancer, 1916, New York, MoMA); et de fait en 1926, il présente Danger/Dancer accompagné d'une mandoline espagnole.

Mais c'est essentiellement le dialogue étroit avec Marcel Duchamp – que Man Ray avait vu travailler dans l'atelier de New York à une grande plaque de verre posée sur des tréteaux, et qui avait déjà conçu, en 1917, le verre peint de Glissière, qui enfin, en 1920, travaille à Rotative plaques verre (AM 1979-411), cette machine de verre optique circulaire «dangereuse» puisqu'elle faillit décapiter Man Ray lorsqu'il voulut la photographier – qu'atteste Danger/Dancer . Simple allusion, non spéculative, aux recherches de son ami, jeu d'échange complice avec celui qui conçoit au même moment la fenêtre obscure de Fresh Widow (AM 1986-297)? Cette suspension peinte par Man Ray est bien en tout cas, et en termes efficaces, une peinture en suspension."[26]

On trouve, inversement, des femmes attachées et, non plus, donc, le corps librement suspendu dans les airs, mais au contraire réduites à des positions incommodes, mais similaires, dans les cyanotypes de Charles François Jeandel[27], notamment dans les doubles corps féminins soumis l'un à l'autre et l'un sur l'autre, ou dans la femme attachée à une structure de bois de *Femme nue attachée, mains dans le dos, assise de dos* (1890-1900)[28], qui inverse le lien entre l'élément de division et la masse qui l'entoure dans la figure de la partie haute du *Grand Verre*.

Femme nue attachée sur le dos, un personnage vêtu et le visage caché par une capuche penché sur elle, une carafe à la main (également de 1890-1900)[29] présente une structure (femme tête renversée dans une boîte, en état de soumission et/ou d'inconscience) très similaire à *Anatomie d'une jeune mariée*.

I.3.c. *Entr'acte*

Entr'acte (1926) de René Clair et Éric Satie[30] (20'19"), sur un scénario de Picabia, présente, tout d'abord, Satie et Picabia sautant sur un toit autour d'un canon, qu'ils arment et utilisent (allusion, peut-être, au début du *Voyage dans la Lune*, 1902, de Georges Méliès). Puis, sous les toits inversés de Paris, et sur un fond de train en marche, trois poupées noires dont les têtes de ballon alternativement se gonflent et dégonflent.

Une danseuse vue d'en bas (donc ses depuis ses dessous), sautant également, mais qui se révèle finalement être un homme à barbe, et une tête grattée sur laquelle sont posées des épingles qui prennent feu.

Un édifice à innumérables colonnes (on y verra des symboles phalliques), alternant avec un jeu d'échec (nous assumerons que pour l'importance qu'y tient la reine) sur le même toit initial, d'un coup abondamment mouillé alors qu'un bateau en papier traverse les airs. Pluie qui débouche sur un champ de tir de foire où, entre des pipes, un oeuf est projeté, et sur lequel un tireur tente sa chance. Lequel oeuf se démultiplie. Un perroquet (présent en 3'19" chez Léger) vient se poser sur le chapeau du tireur, alors que du même toit qu'auparavant Picabia tire sur le tireur, et le tue. Lors de l'enterrement, l'un des hommes attristé n'en mange pas moins le couronne de pain pendue à l'attelage funéraire.

Lequel est suivi par tous une abondante assistance masculine, sautant comme initialement Satie et Picabia. Ce qui nous rappelle, en l'inversant, "*Les Demoiselles de Bienfilâtre*" de Villiers de L'Isle-Adam, en même temps que *L'homme à la caméra*, qui présentera l'enterrement somptuaire de Lénine.

Similairement à la voiture de Marinetti dans le *Manifeste futuriste* allant trop vite et se renversant dans la boue du bas-côté en provoquant la renaissance de l'artiste, l'attelage s'affole et arrive dans les champs, où le cercueil tombe, et s'ouvre sur un mort ressuscité, qui fait disparaître les suiveurs de son cortège (où l'on note quand même trois femmes, dont l'une, la dernière à disparaître, déguisée en mousquetaire à moustache) qui ont réussi à l'entourer de leur attention, avant de se faire disparaître lui-même.

Une main transperce le mot "*Fin*" du générique, puis le corps entier du magicien apparaît, sautant au travers de la toile déchirée (qui nous rappelle encore le nuage de la partie haute du *Grand Verre*), tombant par terre, où un coup de pied au visage le renvoie, en sens inverse, derrière la toile et le mot "*Fin*" qui s'y recomposent finalement.

Nous retrouvons les différents individus masculins, chapeautés, leurs chapeaux respectifs volant en l'air au gré du vent, la cravate, les va-et-vient sur l'échelle, le combat pugilistique, les pistolets, réapparaissent, pour notre *corpus*, associés, tout comme la marche militaire masculine, l'horloge, motif central ici, et l'alternance hommes barbus-femmes à la longue chevelure, dans *Ghosts Before Breakfast* (en allemand *Vormittagsspuk*[31], 1927) de Hans Richter[32].

Cette sorte de compagnonnage masculin, autour des préparatifs, avec le plateau brisé puis reconstruit du petit déjeuner, l'espionnage de la fenêtre (symbole féminin selon Freud) d'où sort un tuyau d'incendie qui arrose abondamment l'un des chapeaux melons des personnages masculins, avant de retourner à sa position originale, enroulée, dans sa boîte derrière la fenêtre, la baigneuse au tuyau s'identifiant à "*L'Ève sous-marine*" (10'30") dans *Les Mystères du Château du Dé* (1929) de Man Ray[33] (19'46"), tous ces éléments nous rappelant l'importance de récurrence, dans l'oeuvre de René Magritte[34], des chasseurs rôdant autour de la maison féminine, fusil en main, notamment dans le triptyque *Les chasseurs de la nuit, L'Idée fixe* (tous deux de 1928), et *La Gravitation Universelle* (1943). Mais l'on peut aussi citer, dans ce sens de persécution du féminin par le masculin, *L'Assassin menacé* (1927), *Le sens de la nuit* (1927), et *La chanson de la violette/ Journal intime* (1951).

I.4. La machine dans l'avant-garde
I.4.a. Max Ernst

On note, nous l'avons dit, chez Ernst, la présence des chapeaux, comme chez Prévert, ou dans ce dernier court-métrage, comme symbole de l'organe masculin.

C'est le chapeau qui fait l'homme et la variété de ses feutres nous offrent un point de comparaison fondamental pour comprendre, dès lors, la variété des figures évoquées par leurs vêtements, des *Neuf Moules Mâlic* comme la simple, et, dans l'art d'avant-garde, pictural ou cinématographique, récurrente, des prétendants.

En disant cela, on ne dit peut-être pas grand chose d'autre que ce que l'on savait déjà, mais l'on s'approche d'une représentation, non plus isolée et idiosyncrasique, sinon d'époque, et donc de genre et de style.

De la même manière, les figures de la broyeuse, tournante, n'évoquent rien de plus que ces répétés manèges des courts-métrages ici cités. C'est-à-dire, précisément, le principe, masculin, de broyage, de piston.

Ainsi, de même, toujours, la division de l'espace, certes verticale chez Duchamp, fait directement écho à celle, horizontale, de *Katharina Ondulata* (1920) d'Ernst. En effet:

"*Made while Ernst was the leader of the Cologne Dada group, this painting on printed paper is inspired by the Dada spirit of anarchy and confusion. It contains cosmic imagery (star constellations can be seen in the sky), and also alludes to the battle of the sexes. Both of these themes interested the Surrealists, who formed their group directly after Dada had disbanded. The full title of this piece is written along the bottom margin and refers to the 'mistress of the inn,' who would appear to be represented by the revolving sun on the left. The male is represented by a stick-like mannequin: his fuse is alight, ready to trigger his sexual desires.*"[35]

C'est bien là l'opposition entre la "*Voie Lactée*" de la partie haute du *Grand Verre*, et les prétendants, en bas.

Image de la Voie Lactée qui reprend encore celle d'*Involute* (1917), du même Ernst[36], avec ses énormes formes oblongues, sur lesquelles apparaissent, avec des ressorts, des flèches (symbole masculin), et, comme dans les antérieurs courts-métrages, le jeu des lettres, notamment, comme chez Léger, du "*O*". OEuvre qui contient, au bout d'une perche, l'image d'une sorte de fil enroulé en U, que l'on retrouvera chez Picabia comme représentation, évidemment, de l'utérus.

La figure féminine, dans cette dualité, comme métronome, qui rappelle les horloges des courts-métrages antérieurs, apparaît chez Ernst dans *Le Grand Amoureux* (1926), dont le titre rappelle celui, au moins final, du *Grand Verre*, et l'opposition haut-bas, tout en utilisant une forme identiquement équivoque que Duchamp pour représenter la figure féminine[37]. Ici c'est l'amoureux qui, gigantesque et massif, surplombe la figure féminine qu'il détient, alors que dans *Le Grand Verre*, c'est la figure féminine qui surplombe les formes, plus petites, de ses démultipliés prétendants.

Toutefois, *Le passage de la vierge à la mariée* et *Mariée* (toutes deux de 1912) marquent déjà chez Duchamp "*une anticipation déjà aboutie de la figure principale du grand verre, le grand insecte-machine de la moitié supérieure gauche.*"[38]

On ne peut pas oublier le lien entre *Le Serpent Géant* d'Ernst[39], le bras de l'homme (en lieu de fusil) étant englouti par le serpent enroulé autour de lui comme autour de Laocoon, face à la femme vierge (auréolée) du premier plan et les chasseurs de Magritte, et celui entre *La grande roue orthochromatique qui fait l'amour sur mesure* (1920)[40] du même Ernst, directement inspirée de la Grande Roue de Paris[41] (comme le montre assez l'association de la roue à la tour de lettres qui rappelle bien la Tour Eiffel dans *Petite machine auto-construite*, également de 1920[42] - très proche d'ailleurs de *Petite machine construite par Minimax Dadamax en personne (pour la pollinisation sans peur des femmes ventouses ...)*, 1919-1920[43] -), avec les figures opposées (féminine curviligne, masculines rectilignes) du *Grand Verre*.

De fait, *Anatomie d'une jeune mariée* (1921)[44] - dont le titre même révèle une identité de problématique entre Ernst, Duchamp et Picabia -, figure en lévitation dans sa boîte et avec ses circuits, comme la similaire *La Femme chancelante ou La Femme penchée* (1923)[45], lévitant en extension avec les tubes qui la retiennent sur une structure rectangulaire, sont, pour nous, très proches de la Voie Lactée du *Grand Verre*.

On dira de même de la reprise dans *Le jardin de la France* (1962[46]), bien que tardive pour notre *corpus* - mais elle ne laisse pas d'en éclairer le sens par proximité visuelle et intégration à l'oeuvre du même artiste -, par Ernst de la toile représentant *La Naissance de Vénus* (1863) d'Alexandre Cabanel[47].

De fait, le corps féminin pendant de *Pléiades* (1920)[48] d'Ernst renvoie bien au symbolisme astrale et de constellation de la Voie Lactée du *Grand Verre*, tout comme les corps décomposés féminin de la *Conversation Sacrée* (1921)[49] d'Ernst et masculin de l'*Image Diluvienne Psychomythologique* (1920) d'Ernst et Hans Arp[50], qui, pour leur associations à la figure aviaire, se rapprochent, en outre, ces deux derniers collages du *corpus* que nous avons élaboré pour notre ouvrage sur *Le Plaisir* de Magritte.

En outre, *Pléiades* est également marquée, bien que verticalement, et non horizontalement, selon un principe d'inversion par rapport au *Grand Verre* que nous retrouverons dans le dessin de 1915 de *Fille née sans mère* de Picabia, trois éléments fondamentaux du *Grand Verre*: la décomposition du bloc féminin au niveau de (ce qui pourrait être dans *Le Grand Verre*) la tête; les réticules de rayures qui couvrent l'oeuvre, dues, dans *Le Grand Verre*, à sa brisure involontaire; et la division de la figure centrale en deux grandes parties, dans *Pléiades* entre le corps féminin pendant et les sortes de nuages gris de formes vaguement animales et aviaires.

Ne peut-on pas aussi voir une inspiration freudienne, dans *Le Grand Verre*, avec sa fragilité de structure matérielle, et son origine que reprendra, plus tard, Duchamp dans *Étant donnés: 1° la chute d'eau 2° le gaz d'éclairage...* (1946-1966)[51] - réédition du thème de *L'Origine du monde* (1866) de Gustave Courbet[52], toile également traditionnellement conservée cachée[53] -, puisqu'en effet:

"Le chapeau

Il s'agit cette fois d'un rêve personnel que Freud présente pour expliquer sa méthode, mais à nouveau sans nous donner ses véritables associations:

Freud "se voit lui-même assis sur la banquette d'un compartiment de chemin de fer, tenant son chapeau sur ses genoux. C'est un chapeau haut-de-forme en verre transparent."

Freud associe son chapeau en verre au "bec Auer". Il s'agit d'un bec de gaz à manchon breveté en 1885 par l'un de ses amis, qui fit ainsi fortune. Freud interprète son rêve comme un voyage avec son chapeau, "avec sa propre découverte d'une utilité encore discutable". Il y voit sa découverte, l'interprétation des rêves, et son espoir de devenir célèbre.

Freud interprète son rêve comme son désir d'adulte, en réalité bien conscient et non refoulé, de devenir aussi célèbre et riche que son ami Auer.

Contrairement à ce qu'il enseigne, Freud ne considère pas son rêve comme la réalisation voilée d'un désir infantile refoulé. Et pourtant ce chapeau, objet creux et aux bords évasés posé sur ses genoux, pourrait avoir une signification sexuelle (sexe féminin, matrice). Le commentaire de Freud évite tout ce que le rêve a de gênant pour lui-même.

Notre interprétation sur le plan du sujet s'appuie, comme celle de Freud, sur la signification symbolique du chapeau: Le chapeau est un signe d'appartenance à une société professionnelle ou religieuse. "Porter le chapeau", c'est avoir des responsabilités. Très logiquement, Freud met son haut-de-forme en relation avec sa "découverte", l'interprétation des rêves, et avec la nouvelle corporation dont il est le fondateur.

Le chapeau est sur les genoux de Freud, pas sur sa tête. Cette place confirme que toute sa théorie est au niveau du sexe.

Le verre est un matériaux lourd, fragile et transparent. Cela signifie que le fondement même de la théorie de Freud est inadapté et très fragile."[54]

I.4.b. Francis Picabia

Comme l'on trouve dans les premiers vers du poème "*Presque fini*" des *Poèmes et dessins de la Fille née sans mère* (1918)[55] de Picabia l'antécédent, pour nous, dialectique de la femme obèse en robe noir du *Ballet mécanique,* les 18 dessins de cet ouvrage nous offrent d'énormes échos du *Grand Verre*.

Dans leur ordre d'apparition dans le volume:

"*Vis-à-vis*" nous semble être un calligramme de "*Cul*", pour le C bien visible, entre parenthèses et couvert d'une sorte d'araignée (au plafond, en référence peut-être à l'*Araignée souriante* et *Araignée qui pleure,* toutes deux de 1881[56], d'Odilon Redon, puisqu'elle est dite "*La mesure*" - ligne droite verticale, phallique, comme on le confirmera dans "*Haricot*" - de "*Ce qui défigure*"), avec, à droite, pour le spectateur, une sorte de "*L*" inversé, terminé par une excroissance, tel un nez/pénis.

"*Machines de bons mots*" présente une structure tripartite, des "*Bavards*" autour d'un hémisphère d'"'*Opéra*" et en face du cercle (mouvant, pour les lignes intérieures courbes qui l'indiquent) des "*Paroles*" ouvrant, par un entonnoir en forme de sein femelle sur le triangle de la "*Machine de bons mots*". Organisation, donc, qui rappelle celle du *Grand Verre*, avec ses prétendants, en face des trois cercles, et au-dessus desquels apparaît, surmontant la structure de la croix de la broyeuse à chocolat, la Voie Lactée rectangulaire.

"*Polygamie*" présente une opposition entre le triangle, à gauche, des "*Mormons*" et du "*Vagin printanier*" avec la forme indéterminée et gigantesque de la "*Jeune zibeline*". La forme de celle-ci rappelle la Voie Lactée de Duchamp.

"*Égoïste*" n'est pas sans rappeler la forme tombante de la *Première Recherche pour «La Mariée mise à nu par les célibataires» (Mécanisme de la pudeur / Pudeur mécanique)* (1912)[57] et du *Passage de la vierge à la mariée*, en même temps que le déséquilibre provoqué par la forme de bourse des "*Femmes paysagées américaines*" - qui fait jeu avec ceux des "*Bavards*" et des "*Mormons*" des dessins antérieurs - rappelle celui de la tombée de la forme de la fiancée de la partie haute à gauche (pour le spectateur) du *Grand Verre*.

Alors que "*Nécessaire*" ne semble être rien d'autre qu'une représentation du profil du corps féminin avec ses courbes - nous renforçant personnellement dans l'idée que les dessins du recueil de Picabia en est celui d'une partie, "*Polygamie*" ainsi du pubis (le terme de "*Jeune zibeline*" renvoyant bien au concept d'animalité et de fourrure/fourrage lié, tout à la fois, aux poils pubiens et à l'activité de pénétration), et "*Machine de bons mots*" des seins, nous avons déjà déterminé "*Vis-à-vis*" comme le derrière (et, peut-être, par l'ambiguïté du nez-pénis et des termes qui légendent l'image, du jeu de pète-en-gueule, tel que le gravent au XVIIème siècle Claudine et Jacques Bouzonnet-Stella[58], et qui fut tellement reproduit par l'iconographie médiévale), et l'ouvrage se terminant sur "*La cuisse*" -, "*Cantharides*" est plus important, croyons-nous, car il présente la structure de pistonnage de l'"*Ardeur/Organe*" à partir des "*Parties*", cette fois à droite, mais reprenant la forme triangulaire des "*Mormons/vagin*" de "*Polygamie*" pour déboucher sur une forme oblongue bien qu'ici verticale et non horizontale divisée en "*Vêtue de brun/ Vêtue d'or*", forme oblongue qui si, précisément, on la remet horizontale, présente la structure découpée de la Voie Lactée du *Grand Verre*, le bras de pistonnage, central ici, rappelant l'excroissance tombante de la figure en haut à gauche pour le spectateur du *Grand Verre*. L'alternance brun-or nous semble se devoir à la même raison que le terme "*Jeune zibeline*": le brun étant la couleur originale des poils pubiens (nous avons donc à faire à un sexe-vagin énorme), alors que l'or renvoie à l'idée de la "*pluie d'or*", entendue ici aussi bien dans le sens grivois (d'urine féminine) que mythographique de la pénétration masculine en référence à Zeus et à Danaé[59]. Une interprétation alternative (horizontale et organique, au lieu de chronologique et verticale, comme les deux conditions apparaissent dans l'image), sur laquelle nous reviendrons, est celle du brun pour l'analité et du doré, là encore, pour l'urine.

"*Mammifère*", qui reprend la forme pendante évocatrice du pénis en la nommant "*Ouistiti*" à côté des vagues de "*L'utérus*" fait, pour nous, triptyque sur l'exact même thème avec les suivants "*Voyez*" où la partie ample, compact en hauteur et courbe (des prétendants et de la broyeuse dans *Le Grand Verre*) est donnée au masculin "*Malhabile*" alors que la féminine "*Astucieuse*" présente une structure similaire au *ready-made* du *Porte-bouteilles* (1914)[60] de Duchamp, d'accroche, donc, provoquant l'élévation rectiligne, laquelle élévation, proprement associée, cette fois, aux "*Destinées du mâle*" est le point de départ, comme de cheminée, de l'"*Échelle*" de "*Haricot*" (terme, notons-le, commun pour désigner le phallus), alors qu'est mentionné le, possiblement, féminin "*Nuage de poison*" l'entourant (sans être représenté), et que la forme dite "*Madagascar*" - de ligne au bout d'une apparence d'araignée - renvoie directement à celle de "*Vis-à-vis*", qui déboute le volume.

Au contraire, de "*Mâle*" à la "*La cuisse*" qui conclut l'ouvrage, les dessins produisent des circuits électriques ou mécaniques d'interaction, qu'aussi bien la brisure, fortuite, du *Grand Verre*, prédétermine entre ses parties haute et basse, que les fils tendus entre les prétendants et la broyeuse, ou l'espace de piston de gauche qui termine la forme de la Voie Lactée.

"*Mâle*", avec son cercle double d'infini (on retrouve encore, apposés sur des bustes féminins, les chiffres huit et six dans les sculptures d'Ernst photographiées par André Breton[61]), celui du haut divisé par une raie renvoyant la forme à un derrière vu de face, impression accentuée par le fil-ressort "*Le chat - Hermaphrodisme*" préfigure, précisément, dans la séquence, "*Hermaphrodisme*", qui, à son tour, à la fois reprend la forme triangulaire pour "*Oviducte - Mâle hâché*" (du vagin denté[62]) des "*Mormons - Vagin printanier*" de "*Polygamie*", et, par le fil-ressort intitulé "*Sperme*" et se terminant en "*Appareil sexuel*" dont la forme renvoie directement à celle de la traditionnelle turbine à chocolat et, par là même, chez Picabia, de la *Fille née sans mère* (nous y reviendrons), fait donc directement écho au groupe du *Grand Verre*, tout en insistant sur la valeur anale, propre, à peine postérieur, de *L'Anus solaire* (1927) de Georges Bataille[63].

Alors que la forme terminant, en bas, "*Narcotique*" et associées à une terminologie théologique qui nous renvoie dans le cadre de *L'Anus solaire,* rappelle celles, citées, phalliques, du précédent groupe de "*Mammifère*", la forme en huit de "*Mâle*" comme celle en bouton de rose de "*Machines sans but*" font écho, pour leur apparente liberté de trait, à celle de la Voie Lactée du *Grand Verre*.

De fait, "*Machines sans but*" fait partir de cette forme indéterminée, comme Duchamp de la Voie Lactée, des excroissances plus maigres, ici deux lignes. À leur tour, et selon, de nouveau, ce même principe d'emboîtement pseudo-mécanique, "*Ventilateur surprise*" et "*L'art impatience*" montrent des circuits fermés rappelant les chaînes de bicyclette.

"*Libellule*" n'est rien qu'une variation sur le même thème.

Quant à "*Machine des id-es actuelles dans l'amour*", qui le reprend encore, divise les deux roues qui composent l'image en "*Affaire de convenances*" et, en bas, "*Temples peu sûrs*", qui porte le "*C*" de "*Vis-à-vis*", cercles reliés par "*Le son des paroles*", ce qui, doublement, d'une part, crée et renforce le lien entre "*Vis-à-vis*" et "*Machines de bons mots*" qui débutent, en séquence, le recueil, tout en, par contrecoup, permettant d'induire celle-ci aussi pour "*Machines des id-es actuelles dans l'amour*" et la finale "*Cuisse*" (ce qui validera l'analité de la thématique du recueil, que l'on retrouve encore dans "*La cuisse*", comme dans l'initial "*Vis-à-vis*" et le groupe que nous venons de voir, et avons mis en parallèle avec *L'Anus solaire*), et, d'autre part, marque bien le lien anatomique, pour ainsi dire, entre "*Machine des id-es actuelles dans l'amour*" et, par sa position centrale dans ce dessin, "*Machines de bons mots*", partie intermédiaire du buste, terminée, là aussi, par les "*Bavards*", dont on peut donc assumer qu'il pourrait s'agir des gaz produits par l'appareil stomacal en général, et vaginal en particulier. De là, peut-être, l'apparition de poils autour d'"*Affaire de convenances*", qui contient le triangle déjà noté de "*Polygamie*" et d'"*Égoïste*", alors que, nous venons de la dire, "*Temples peu sûrs*", qui porte le "*C*" de "*Vis-à-vis*". Là encore, une double lecture semble donc permise: d'une part horizontale (lien vagin-anus, liés par les gaz stomacaux, le double bouton central du cercle liant les trois lignes d'"*Affaire de convenances*" - c'est-à-dire le bon endroit, le décent, pour entrer, le traditionnel - pouvant être considéré comme un clitoris), et de l'autre verticale (l'analité hermaphrodite-homosexuelle du "*C*" de "*Vis-à-vis*" et des "*Temples peu sûrs*" - parce que masculins et en danger d'être pénétrés? *Versus* l'hétérosexualité officielle, dans une corporéité apparente désignée par la structure corporelle référée par allusion à "*Machines de bons mots*" de la relation [appareil génital-torse ici]-[cuisse dans le dernier dessin]).

Notons que "*L'art impatience*" reproduit l'ambiguïté de cette structure par la poulie "*Mélancolie*" en forme d'urètre masculine et la "*Dysepsie*" triangulaire nous renvoyant au groupe des "*Mormons*", les deux connectés par la ligne allant au petit cercle dont nous avons dit qu'il peut être le clitoris dans "*Machine des id-es actuelles dans l'amour*", et naissant dans une spirale d'où la ligne semble se déroulée, laquelle ne peut que nous rappeler celle du court-métrage de Richter.

"*La cuisse*", dans sa structure, son demi-cercle dédoublé à droite, qui laisse apparaître une sorte de téton faisant lien avec "*Machines de bons mots*" du début, renforcé ce téton par "*L'éventail des caresses*" dont le cercle, au-dessus du second double, cette fois, quart de cercle, fait doublon avec celui de l'évantail de "*Suprême*" et avec le cercle, simple, mais également infime au-dessus des trois autres superposés et en terminant la séquence, de la partie basse à droite pour le spectateur du *Grand Verre*. La croix à manivelle de "*Déchargé*" surmontant le cercle non fermé de "*Toilette*", structure qui, si l'on parle de "*cuisse*", ne peut que référer à l'appareil génital-anal, bas, du corps - ce que confirme la forme circulaire non fermée du bas du dessin et sa légende -, reproduisent, à peu près à l'identique, la relation de la croix surmontant la broyeuse dans *Le Grand Verre*.

I.5. L'époque
I.5.a. La broyeuse de chocolat

On ne peut pas passer outre le lien entre la broyeuse de chocolat (brevet français de quinze ans de 1844[64], présentée à l'Exposition Universelle de 1855[65]), au centre thématique du *Grand Verre*, avec les neuf prétendants, et la référence, au moins probable, à la Noce du clown Chocolat:

"Le Nouveau Cirque évoqué dans ce bloc-notes était un établissement situé à Paris au 251 rue Saint-Honoré sur l'emplacement du premier Cirque Olympique des Franconi et non un quelconque spectacle qui n'a de cirque que le nom, mais revenons à notre sujet.
Rappelons que le Nouveau Cirque a existé 40 ans de 1886 à 1926. C'est Joseph Oller à l'origine aussi du bal du Moulin-Rouge et de L'Olympia, qui en était le Maitre d'ouvrage. Cet établissement possédait une piscine qui lui permettait de présenter des pantomimes nautiques, sorte de revues de cirque se terminant toujours du moins pour les artistes par un plongeon volontaire ou non dans l'élément liquide.

Parmi les fantaisies aquatiques à succès de cet établissement "La noce de Chocolat" garde de nos jours encore une notoriété collective. Et c'est cette cocasse aventure que le Nouveau Cirque jouait le soir comme le montre le programme, du mardi 7 octobre 1890.
Ce programme vieux de 125 ans était composé de trois parties. Lors de la première on pouvait applaudir deux entrées signées du clown anglais Foottit, dans la deuxième apparaissait le clown Medrano, le fondateur du cirque du même nom et c'est dans la dernière qu'était donnée cette pantomime nautique mise en musique par Laurent Grillet chef d'orchestre du Nouveau Cirque composé de 40 musiciens.
Mais si l'intrigue de cette œuvre circassienne peut nous sembler consternante, il faut se souvenir que les dandys et autres bourgeois se bousculaient à cette époque pour assister aux démêlées de Rafaël Padilla, autrement dit Chocolat.
Mais rappelons la trame de cette bouffonnerie.
Notre héros voit sa noce contrariée par un groupe d'étudiants en goguette qui enlèvent la mariée et qui ne la rendent à l'infortuné époux qu'après une série d'aventures loufoques et des poursuites bouffonnes. Et ce ne sont que gifles, sauts de carpe, dégringolades le long des escaliers, poursuites folles, pugilats terribles au milieu d'une inénarrable jonglerie de saucissons, gigots et cervelas en délire et finalement baignade générale dans la rivière où tous les invités de la noce se précipitent pour sauver la mariée qui s'y est jetée affolée.
On ignore jusqu'à quel point cette bouffonnerie nautique prétendait à la nouveauté. Mais que la personnalité de Chocolat en soit le motif central prouve tout au moins à cette époque que sa présence faisait recette."[66]

Or, cette fantaisie nautique, où la mariée tombe à l'eau[67], n'évoque-t'elle pas cette forme d'énorme voile qu'est la Voie Lactée du *Grand Verre*, soutenue dans un espace absent?

Et, identiquement, l'affiche de ce spectacle[68], où les fiancés sautent en l'air, ne rappelle-t'elle pas, pour nous, ce même mouvement, récurrent, d'*Entr'act*?

On sait, d'autre part, que le terme "*turbine à chocolat*" est abondamment répertorié[69] comme équivalent pour l'anus[70], voire de l'acte de pénétration anale[71] par association des deux termes (turbine=sexe masculin/chocolat=anus[72]).

On ajoutera à cela la tradition de la tasse de chocolat donnée aux jeunes époux le matin de leurs noces en Espagne[73], en outre que ce breuvage est, parallèlement, au centre d'un débat religieux sur le jeûne et sa rupture[74].

On notera, de fait, la grande ressemblance entre la turbine à chocolat[75] et la *Fille née sans mère* (1916-1917[76]) de Picabia, comme, parallèlement, entre la contemporaine *Voilà la fille née sans mère* (c.1916-1918) du même Picabia[77] et la *Broyeuse de chocolat No 2* (1914) de Duchamp[78], révélatrice d'une préoccupation plus ample, de la part de ce dernier, autour des machine à moudre, comme le révèlent aussi bien le *Moulin à café* (1911)[79] que les contemporains (1912[80]) *La Mariée*, avec ses formes imbriquées de tuyaux tombant les uns dans les autres, et *Le passage de la vierge à la mariée*, qui, dans sa partie centrale, en reproduit l'alambic, également au centre de la composition de *La Mariée*; la *Première Recherche pour «La Mariée mise à nu par les célibataires» (Mécanisme de la pudeur / Pudeur mécanique)*, également de 1912[81], montrant parfaitement le processus néo-futuriste de décomposition du mouvement de la figure, qui, à la fois, rappelle, dans l'oeuvre de Duchamp, le *Jeune homme triste dans un train* (1911)[82] et le *Nu descendant un escalier No 2* (janvier 1912)[83], et, dans *Le Grand Verre*, les formes quarrés de la broyeuse à chocolat.

Or c'est, de nouveau, dans le poème "*Femme Elle*" de Marius de Zaya associé au dessin *Voilà Elle* de Picabia (*291*, No 9, 1915)[84] que l'on retrouve cette combinaison entre les tuyaux, ici déversant, et la forme réceptrice femelle compacte.

Il ne fait que peu de doute, pour nous, que la broyeuse de chocolat de Duchamp soit, tout au moins dans son intégration au *Grand Verre*, à mettre en correspondance, formelle et thématique, avec les trois danseuses semblant jouer des tambours de *Silouette* (1916) de Man Ray[85], avec, en bas, la spirale, à droite, et à gauche, pour le spectateur, un triangle, qui, pour son inscription sur des lignes de fuite et son association à la spirale-clef, pourrait s'identifier à une sorte de diapason symbolique.

I.5.b. La Voie Lactée

Le jardin de France, avec ses indications topographiques de la Loire, en haut, et de l'Indre, en bas du corps féminin, trouve un intéressant écho dans le recueil *Facile* (1935) de Paul Éluard, illustré par Man Ray[86], dans le poème:

"Avoue le ciel n'est pas sérieux
Ce matin n'est qu'un jeu sur ta bouche de joie
Le soleil se prend dans sa toile

Nous conduisons l'eau pure et toute perfection
Vers l'état diluvien
Sur une mer qui a la forme et la couleur de ton corps
Ravie de ses tempêtes qui lui font robe neuve
Capricieuse et chaude
Changeante comme moi

Ô mes raisons le loir en a plus de dormir
Que moi d'en découvrir
de valables à la vie
A moins d'aimer

En passe de devenir caresses
Tes rires et tes gestes règlent mon allure
Poliraient les pavés
Et je ris avec toi et je te crois toute seule

Tout le temps d'une rue qui n'en finit pas."

Non seulement le corps féminin y est identifié au ciel, puis à la mer, mais le poème suivant: "*À la fin de l'année. De jour en jour plus bas. Il enfouit sa chaleur comme une graine.*" reproduit ces associations, dans ses différentes parties:

"I.
Nous avançons toujours
Un fleuve plus épais qu'une grasse prairie
Nous vivons d'un seul jet
Nous sommes du bon port
.../...
La paupière du soleil s'abaisse sur ton visage
Un rideau doux comme ta peau
.../...
Les quatre murs éteints par notre intimité
Quatre murs sur la terre
Le plancher le plafond
Sont des cibles faciles et rompues
A ton image alerte que j'ai dispersée
Et qui m'est toujours revenue

Un monotone abri
Un décor de partout
.../...
Un pic écervelé aux nuages fuyants au sourire éternel
Dans leurs cages les lacs au fond des trous la pluie
Le vent sa longue langue et les anneaux de la fraîcheur
La verdure et la chair des femmes au printemps
La plus belle est un baume elle incline au repos
Dans des jardins tout neufs amortis d'ombres tendres
Leur mère est une feuille
Luisante et nue comme un linge mouillé
Les plaines et les toits de neige et les tropiques luxueux
Les façons d'être du ciel changeant
Au fil des chevelures
.../..."

Et se reproduit surtout dans les deux poèmes suivants, les derniers du recueil, en particulier dans la dernière strophe de "*Facile est bien*", où s'associe bien l'idée du ciel à celle du corps féminin dénudé:

"*Nue dans l'ombre et nue éblouie*
Comme un ciel frissonnant d'éclairs
Tu te livres à toi-même
Pour te livrer aux autres."

Et dans le sans titre, où nous retrouvons, comme dans "*Cantharides*" de Picabia, l'alternance des domaines de la vierge et de la femme ("*Je me répète ta voix cachée ta voix publique*"), thème aussi au centre du beaucoup plus explicite ouvrage *1929* par Louis Aragon, Paul Éluard, Benjamin Péret, et Man Ray[87], en hommage à Kiki de Montparnasse[88] :

"*Nous avons fait la nuit je tiens ta main je veille*
Je te soutiens de toutes mes forces
Je grave sur un roc l'étoile de tes forces
Sillons profonds où la bonté de ton corps germera
Je me répète ta voix cachée ta voix publique
Je ris encore de l'orgueilleuse
Que tu traites comme une mendiante
Des fous que tu respectes des simples où tu te baignes
Et dans ma tête qui se met doucement d'accord avec la tienne avec la nuit
Je m'émerveille de l'inconnue que tu deviens
Une inconnue semblable à toi semblable à tout ce que j'aime
Qui est toujours nouveau."

Alors que le corps féminin de Nusch Éluard[89] contorsionné des photographies de Man Ray, rappelant parfois (la dixième double page)[90] clairement (bien qu'ici les mains ne soient pas attachées aux pieds mais les caressent doucement, les poignets pleins de bijoux) les cyanotypes de Jeandel, présentent, notamment pour les première[91], cinquième (illustrant le poème "*L'Entente*")[92], septième et huitième[93] (ces deux dernières illustrant "*À la fin de l'année. De jour en jour plus bas. Il enfouit sa chaleur comme une graine.*") doubles pages, des poses qui évoquent l'indéfinition des formes de la Voie Lactée du *Grand Verre*.

Or, c'est encore dans l'association entre Man Ray et Éluard que nous trouverons un élément supplémentaire, reliant la Voie Lactée du *Gran Verre*.

Le frontispice originel pour le recueil *Les Mains Libres* (1937), un enchevêtrement de lignes par Man Ray, interprétées par Éluard comme le symbole de l'infini, seront finalement substituées par un corps de femme sur le pont Bénézet sur le Rhône, avec au fond la ville d'Avignon[94] (ville de la région traditionnelle de villégiature estivale de ces artistes à cette époque[95]). Nous noterons le lien entre cette dichotomie significative: femme sur le pont-expression par une ligne continue de l'infini en série supposée de 8, le "*Mâle*" des *Poèmes et dessins de la Fille née sans mère* de Picabia et les chiffres huit et six dans les sculptures d'Ernst photographiées par Breton. La présence du fil ininterrompue fait écho aussi bien aux essais de Duchamp avec ce matériel comme à son utilisation dans *Le Grand Verre*[96].

Or, l'on retrouve ailleurs, chez Man Ray, dans une reprise de l'emblématique moderne, l'association entre une forme indéterminée de fil sur laquelle, comme on peut s'y attendre, s'insère une aiguille, sur un fond de paysage, il s'agit de l'Emblème "*Fil et aiguille*" pour l'édition de 1947 du recueil, lequel reprend celui intitulé "*Entreprendre par-dessus sa force*" de Gilles Corrozet[97]. Lequel emblème reproduit de Man Ray reproduit un motif qu'il développe aussi bien dans son *Rayogramme* (c.1928) que dans une photographie, également intitulée "*Fil et aiguille*" de 1965[98].

"*Pourtant, celle qui figure sur le dessin des Mains libres est plus originale, puisque cette fois Man Ray superpose une forme évidée à un paysage. On peut en trouver un prototype dans une silhouette de la base de données du Centre Pompidou, obtenue par découpage d'une forme féminine dans le négatif d'une photographie de cours d'eau avec des arbres qui s'y reflètent; les branches d'un saule pleureur figurent les cheveux de la jeune femme (Profil découpé dans un négatif de paysage, c.1930). Mais Man Ray pense probablement surtout à la porte que son ami Marcel Duchamp a dessinée pour la galerie d'art d'André Breton, Gradiva* (Marcel Duchamp, *Porte de Gradiva*, 1937, Réplique en plexiglass, New York, 1968)*, qui vient d'être inaugurée quelques semaines* *auparavant, au mois de mai 1937. Les pages de l'agenda de 1937, dans la semaine du 3 au 9 mai, confirment la participation active de Man Ray à cet événement."*[99]

Pour nous, la forme montrée par le fil enfoncé par l'aiguille du dessin de Man Ray est un corps féminin percé par le membre masculin, conformément à la scène du début du *Retour à la raison* par le même artiste.

Cette symbolique, simple[100], nous renvoie à la figure, encore une fois, des femmes en suspension, notamment associées au poisson (symbole génital freudien[101]) du surréalisme, récurrente aussi bien dans les affiches de ce mouvement que chez Magritte (*Le rêve de l'androgyne*, 1924; *L'invention collective*, 1935), Man Ray (*La femme et son poisson*, du recueil *Les Mains Libres*, sculptée en bronze en 1971; *Pisces*, 1938, 1941), ou Rogi André (*Jacqueline Lamba dans un aquarium*, 1934), renvoyant clairement la forme dudit poisson et/ou celle de sa compagne à celle d'un autre motif récurrent chez Man Ray, la bouche féminine (aussi bien en photographie:

"... l'une des obsessions photographiques de Man Ray dans les années 1929-32 : la bouche de sa compagne Lee Miller, isolée de la même manière dans de très gros plans mettant en évidence la perfection de son dessin et sa brillance pulpeuse.
Or c'est très précisément cette bouche qui a constitué le modèle d'une immense toile peinte par Man Ray en 1932-34 après sa rupture avec Lee Miller, et destinée à exorciser la douleur qu'il en éprouva : A l'heure de l'observatoire - les amoureux..."[102]

Que dans *L'œil dans la bouche*, 1933; l'éventail sans titre, 1936; ou les *Lèvres en or*, sans date)[103], bouche féminine aussi symbole important chez Magritte[104].

"Dans "Histoire de l'oeil", le O renvoie au réseau imaginaire de la rotondité que ce récit élabore et dont font partie toutes les figures rondes associées à la sexualité telles que: assiette, testicules, oeufs, soleil, ceinture entourant un corps dévêtu, hosties, etc. Même les roues d'une bicyclette, en apparence si insignifiantes, viennent s'inscrire dans cette série: «Le pneu arrière disparaissait à mes yeux dans la fente du derrière nu de la cycliste. Le mouvement de rapide rotation de la roue était d'ailleurs assimilable à

ma soif, à cette érection qui déjà m'engageait dans l'abîme du cul collé à la selle» (I, 584). L'O «est une roue», disait déjà Claudel.

Cette vive érotisation de la lettre O pourrait encore s'afficher d'une manière inattendue dans l'association révélatrice du cercle et du rouge. Cette couleur agressive nous offre, en effet, le signe fort d'une sexualité actualisée: dressée (c'est la couleur, par exemple, chez Réage, des cravaches, rondes et courtes, symboles phalliques par excellence) ou bien ouverte (chez Noël, c'est le «trou rouge» de la femme, l'«anus rouge» ou la bouche grenat). On pourrait relever aussi de nombreuses situations dans Histoire d'O où l'incarnat vient raviver les formes arrondies: il maquille, par exemple, les anneaux de chair (fente buccale, aréoles, lèvres vulvaires); et l'héroïne, O, dont le nom figure en lui-même on ne saurait mieux l'ouverture littérale, porte, pour son initiation à Roissy, une cape rutilante. On observera la même relation sur le plan spatial: ainsi le ton de feu de la salle ronde de flagellation chez Anne-Marie. Voici encore comment se présente, avec des proximités voisines conscientes, une figure animale d'Emmanuelle: «... sur une chaise-longue de toile rouge, une chienne blasée qu'elle appelait O» (51).

Cette parenté du cercle et du rouge, les rêveries mimologiques nous montreraient qu'on l'a toujours plus ou moins sanctionnée: «En vieux français, nous dit Nodier dans son Dictionnaire des onomatopées, ro s'est dit pour rouge et rot pour roue». Bernardin de Saint-Pierre, dans ses Études de la nature, a de même mis en parallèle le circulaire et le grenat. À propos de Rimbaud, Étiemble a comparé une vingtaine de tableaux d'attributions colorées aux voyelles, tableaux dressés par philosophes, écrivains, psychologues, lingüistiques. Genette reprend cette comparaison en faisant ressortir la dominante, à travers l'histoire, du rouge pour le O. C'est peut-être dû au fait que la physionomie du mot impose sa forme à la bouche: comme l'écrit M. Bernard dans Le Corps (52), dont les vues seraient aussi à verser au dossier mimologique contemporain: «Les mots se fraient un passage dans notre corps, y résonnent, comme par exemple l'adjectif 'rouge' qui donne à ma cavité buccale une forme sphérique et provoque aussi un sentiment de plénitude assourdie.» Rimbaud lui-même dans son fameux sonnet des Voyelles, avant d'écrire «O bleu», avait inscrit spontanément «O rouge». «I rouge», écrit-il finalement, comme pour le marquer du sceau de sa sexualité."[105]

On peut donc induire que la bouche n'est pas forcément aussi innocente qu'on pourrait le penser dans l'univers référentiel de l'époque, et qu'elle peut bien s'associer, aussi, à l'analité ("*l'«anus rouge» ou la bouche grenat*"), et au sexe, comme dans *L'Armure* (1925) d'André Masson, ainsi décrite par lui-même (et dont l'absence de tête fait, en tant qu'inversion, et donc symbole de castration, écho à *Histoire de la science* de 1936/*The bicycle* et *Narcisse* de Man Ray):

" *Cette armure féminine, elle a un aspect de cristal. La tête est remplacée par une flamme, le cou coupé. Le sexe voisine avec une grenade ouverte: le seul fruit qui saigne. Un oiseau s'approche de l'aisselle (le nid). Le corps armé est environné de banderoles de papier mimant les courbes du corps féminin.*"[106]

L'évocation par Masson de sa propre impression de fragilité sur son personnage, révélant un élément que nous avons déjà mis en scène pour *Le Grand Verre*, entre autres à travers la référence freudienne, nous renvoie, par contrecoup à la position d'une autre figure en armure, pour ainsi dire, celle d'*Anatomie d'une jeune mariée.*

En outre, encore une fois, le corps couvert par des banderoles qui l'entourent, rappelle la Voie Lactée du *Grand Verre* ou les oeuvres, sur lesquelles nous reviendrons, telles que les photographies de Marianne Delord[107].

Plusieurs dessins du recueil de 1937, moulés en bronze en 1971, doivent retenir notre attention: il s'agit, outre *Le pont brisé* et *Narcisse,* de *Solitaire, Pouvoir, Belle main* et *Autoportrait*[108].

Comme *La Prière* de Man Ray rappelle, de manière très évidente, le *Nu* de 1915 de Félix Vallotton[109], et aussi, plus subtilement, le buste féminin nu pris dans le début d'une action de génuflexion de l'oeuvre homonyme (1909[110]) d'Auguste Rodin, *Solitaire* reprend *La Cathédrale* (1908[111]) et le consécutif *Le Secret* (1910[112]) du même sculpteur, bien que celui-ci présente des mains d'homme (ce qui, dans le groupe des mains [incluant *L'évidence* et *Pouvoir*] du recueil, fait lien avec *Pouvoir*), et *La Cathédrale* de femme. Man Ray semble, dans *Solitaire*, donner une représentation doublement référencée, puisque les mains féminines levées rappellent, en effet, *La Cathédrale*, mais leur action semble donner, ironiquement, un usage pratique au geste cabalistique des mains masculines du *Secret*.

On note qu'alors que *Solitaire* présente des mains féminines formant des figures avec un fil (ce qui nous renvoie, encore une fois, au lien déjà noté entre les deux frontispices du recueil), *Pouvoir* présente la main masculine retenant une femme, exactement comme le fait Apollon pour Daphné dans l'iconographie classique (notamment chez Le Bernin, 1622-1625[113]), et *Belle main* fait reposer le corps féminin sur ladite main, dans la même position alanguie où il repose aussi, dans *Le pont brisé*, sur celui-ci. Encore une fois, donc, par cette similitude entre les représentations, dans le même recueil, de *La femme et son poisson* et de *Pouvoir/Belle main vs. Solitaire*, nous y voyons un parallèle de motif avec la figure de la Voie Lactée du *Grand Verre*, d'autant que les lunettes-fenêtres de l'*Autoportrait* nous ramènent à la forme intégrée à ladite figure du *Grand Verre*.

Or, comme *Le Grand Verre*, qui, encore une fois, associe la forme du groupe de la broyeuse à celle de la Voie Lactée, *Histoire de la science*, du même recueil, toujours, reprenant l'iconographie de la Fortune, nous montre une femme, sur une roue, soutenant de ses deux mains levées un petit globe ailé, devant sa chevelure qu'elle a ébourriffée (selon une iconographie que l'on retrouvera chez Daniel Jacob[114]). Notable est que:

"*Le premier dessin, daté de 1936, représente une femme nue pédalant sur un grand-bi. Mais même si cet ancêtre de la bicyclette, en usage entre 1870 et 1890, peut être considéré comme un progrès non pas scientifique mais technique, il donne lieu ici à une scène burlesque: outre le fait que la jolie cycliste est complètement nue, elle subit un léger accident, puisque sa tête semble avoir été arrachée par la selle qui a transpercé tout le corps. Une masse de poils jaillit, dont on ne sait trop s'il s'agit d'un scalp, ou d'une toison que ce coquin de Man Ray a dessinée plus tard de manière explicite dans une aquarelle de 1950 (The bicycle), inspirée par les dangers de monter sur une bicyclette (à moins qu'il ne s'agisse d'une aubaine pour les passants qui pourront ainsi se rincer l'œil à moindres frais..)*"[115]

Dans "*La photographie qui console*", associant l'oiseau à l'engloutissement d'excréments (ce qui nous rappelle, encore, l'implicite vagin denté du *Plaisir* de Magritte), les dessins présentent, de nouveau: une femme couronnée d'un diadème de plumes proche d'un nuage, des mains autour d'un astre, et une forme indéterminée semblant surgir ou tomber d'édifices ou de colonnes érigé(e)s (potentiels phallus). L'association entre la forme indéterminée et les objets érectiles, qui renvoie à *Entr'acte*, fait écho aussi à "*Fil et aiguille*".

De fait, en ce qui concerne la roue:

"*Il semble donc que notre Fortune aux jambes écartées puisse constituer aussi une représentation fantasmatique de Man Ray lui-même, dans une position de toute-puissance, ce que confirmerait le motif de la boule qu'il/elle tient dans ses mains, et qu'on trouve à maintes reprises ailleurs dans son oeuvre. Le fait que la roue soit associée dans son imaginaire à l'érotisme, au moins depuis les mémorables photographies d'Erotique voilée, peut d'ailleurs être confirmé par un surprenant objet, qu'il a réalisé en 1932, et qui était constitué d'un volant au centre duquel il avait fixé un ressort surmonté d'une boule.*
Dans une interview accordée à George M. Goodwin le 27 juillet 1981, Juliet Man Ray évoquait ainsi cet objet, qui figurait dans une exposition organisée en 1946: «In the middle of the gallery they put, maybe, sort of a pool table and a steering wheel, which moved on springs and looked very erotic, like a man's sex (Auto-mobile, 1932), that went back and forth. You could push this table, and there were children who would come, and we told them, "Push the table, have fun, touch everything", which they did because the children loved it, all his objects»."[116]

Le globe soutenu par la Fortune d'*Histoire de la science*, qui fait lien, objet circulaire comme la roue, avec la vrille tenue par le corps masculin de l'autre version de 1937 du dessin, est un troisième point en commun, avec *Le Grand Verre*, où nous avons dit que le cercle plus petit termine la séquence des trois grands dans la partie basse, à droite pour le spectateur.

Le corps féminin caryatide (*L'aventure*)[117], suspendue en l'air (*La liberté*)[118], peinte par la main masculine de l'artiste (*Brosse à cheveux*)[119] - thème récurrent chez Magritte et chez Salvador Dalí dans ses représentations de Gala[120] -, d'où fil se dévidant (*Femme portative* - iconographie que l'on retrouve encore, cette fois d'une femme entourée par un fil de fer qui entoure son corps et remonte jusque dans ses cheveux [permettant ainsi de la manipuler, comme dans le cas de la partie haute du *Grand Verre*?], par Fritz Kahn dans *Daily hair growth* de 1929[121] -) depuis la pyramidale structure dont le pied est la signature de l'artiste[122] (rappelant l'immense menhir, proche de ceux de Magritte[123], associé au visage féminin dans "*Le temps qu'il faisait*"[124]), femme-ciel (rappelant, là encore, *La Géante* de Magritte d'après Baudelaire) se dessinant sur *Les Tours d'Éliane*[125] en une évocatrice pause facilement reconnaissable de "*cravate de notaire*" (montrant que la posture des mains de la femme de "*Le temps qu'il faisait*" autour de son propre cou en position d'extase popularisée par Le Bernini[126] peut bien n'être qu'un geste masturbatoire à côté du dolmen qui l'accompagne, et dont la pierre de couronnement rappelle la sphère de la Fortune échevelée et les pseudo-clitoris déjà vus du recueil de Picabia), sont autant de récurrences dans le recueil.

D'autre part, *L'attente* et *Des nuages dans les mains*, par substitution, font, respectivement, écho à *Solitaire*, et à *Belle main*, renvoyant à un jeu, propre du surréalisme, que nous étudions dans notre ouvrage sur Magritte, de la relation de genres. On peut donc affirmer que la femme s'identifie bien au nuage, entre *Des nuages dans les mains* et *Belle main*.

C'est encore la femme prise entre les mains de *L'évidence*, alors que l'attache une ceinture en bas, à droite (pour le spectateur), du dessin, mains qui sont aussi celles de la couverture, réaffirmant, là encore, cette appropriation par l'homme de la femme cartographique. Femme oeil et bouche, couronnée d'une étoile, probablement vénusienne, en tous cas symbole du "*sexe féminin*" "*chez Éluard*"[127].

Avignon montre l'association entre la tête de la femme et le nuage, comme *La Mémoire* de Magritte entre la tête de la femme et le sang. *Oui et non* reprend l'association entre un objet pointu, ici une fléchette, et un tuyau, selon une iconographie de déroulement que nous avons déjà vu chez Richter. *Les yeux stériles* (dont le titre est une allusion probable au recueil *Les yeux fertiles* de 1936 d'Éluard, illustré par Picasso) reprend l'image du corps féminin alangui, offert, ici sur un fond indéterminé, noir, nous renvoyant, de nouveau, au *Grand Verre*, à l'instar d'ailleurs de l'objet qui l'accompagne, en bas à droite pour le spectateur, et nous rappelle, par sa forme, "*Machines sans but*".

À son tour, de nouveau, *La toile blanche*, qui associe le gant (présent en paire dans la photographie de "*L'entente*" de *Facile*) au drap s'effilant (dans la partie basse) et à l'entonnoir, est un autre rappel des éléments similaires déjà mentionnés de la partie haute du *Grand Verre* et de "*Machine de bons mots*".

Similairement, de nouveau, encore, *Terrain vague* (1929)[128], en un ensemble qui, ici aussi, ne laisse pas de rappeler Magritte, présente un paysage où les frondaisons d'un arbre se transforment en visage féminin. Le corps féminin est donc, toujours, topographique, et de diversion et transgression (concept même du terrain vague) par découverte (ici du visage).

Plus clairement encore, dans *Les Mains Libres*, *Le sablier compte-fils*[129] (le pluriel marquant une incertitude lingüistique entre le fil et les enfants - voir le concept de la fille sans mère de Picabia -) associe un corps de femme, sans visage et contorsionné, attaché, précisément, par un fil à un objet carré, le sablier, au centre duquel l'on note une boule. C'est encore là la division du *Grand Verre*.

On trouve, dans les photographies de Delord (précédemment évoquées par comparaison avec *L'Armure* de Masson), cette similaire association accentuant volontairement les flous entre le corps féminin et les draps[130].

De fait, Nusch Éluard elle-même, dans ses collages, représente la femme stellaire, assise entre les planètes, et accompagnée par un crâne[131]. On note que la femme, qui tient le crâne et cache son visage (là où chez Man Ray elle le perd dans *Narcisse* des *Mains Libres*), sorte d'Ève donc, est assise sur une double planète, reproduisant la forme de huit, non seulement de l'enchevêtrement du frontispice original des *Mains Libres*, mais aussi de "*Mâle*" de Picabia.

Même représentation de la femme-fleur-poisson-mer de nuage, ici non plus sur un fond d'édifices comme barres érectiles, mais de la structure, similaire, d'un barrage, dans le collage sans titre (c.1931) de Breton, Éluard et Suzanne Muzard[132].

Dans un second collage de ceux-ci (1931)[133], l'on retrouve la femme Danaïde dont la toge se verse d'un tonneau sur un homme à la renverse tombant dans les constructions, autre type de barrage (*vs.* donc, ici, le déversement) présidées par des mâles.

Un second collage de Nusch présente la femme en apesanteur, entre un poisson (symbole surréaliste[134]) et un ange.

Le poème "*Je ne suis pas seul*" d'Éluard reproduit cette idée de la femme célesiale:

"*Dans les bras du soleil*
Heureuse
.../...
D'une goutte de pluie
Plus belle
Que le ciel du matin
Fidèle"[135]

Idée qu'il reprend encore dans "*La courbe de tes yeux*" de *Capitale de la Douleur* (1926):

"*La courbe de tes yeux fait le tour de mon coeur,*
Un rond de danse et de douceur,

Auréole du temps, berceau nocturne et sûr,
Et si je ne sais plus tout ce que j'ai vécu
C'est que tes yeux ne m'ont pas toujours vu.
Feuilles de jour et mousse de rosée,
Roseaux du vent, sourires parfumés,
Ailes couvrant le monde de lumière,
Bateaux chargés du ciel et de la mer,
Chasseurs des bruits et sources des couleurs,
Parfums éclos d'une couvée d'aurores
Qui gît toujours sur la paille des astres,
Comme le jour dépend de l'innocence
Le monde entier dépend de tes yeux purs
Et tout mon sang coule dans leurs regards"[136]

On connaît le début du poème de Guillaume Apollinaire associant les "*corps blancs de amoureuses*" à la Voie Lactée dans *La Chanson du Mal-Aimé* (1913)[137]:

"*Voie lactée ô soeur lumineuse*
Des blancs ruisseaux de Chanaan
Et des corps blancs des amoureuses
Nageurs morts suivrons-nous d'ahan
Ton cours vers d'autres nébuleuses"[138]

Dans "*Parures*", Roger Vitrac écrit:

"*Ce n'est plus une femme en feu apparaissant au milieu d'une constellation [...]. Ce n'est pas d'une blessure de la voie lactée que tombe une femme d'étoiles.*"[139]

Et encore:

"*J'imagine Aphrodite étendue comme les nuages, déchue et endormie sur le plus vaste des continents. Elle vous donne de vivre dans le brouillard de sa chair [...] et de jouir des rêves d'une tête qui repose sur les plus beaux palais de la Chine.*"[140]

À son tour, le québécois de Gaston Miron, dans ses poèmes "*La Marche à l'amour*" (1926-1928)

"*j'irai te chercher nous vivrons sur la terre*
la détresse n'est pas incurable qui fait de moi

une épave de dérision, un ballon d'indécence
un pitre aux larmes d'étincelles et de lésions profondes
frappe l'air et le feu de mes soifs
coule-moi dans tes mains de ciel de soie
la tête la première pour ne plus revenir
si ce n'est pour remonter debout à ton flanc
nouveau venu de l'amour du monde
constelle-moi de ton corps de voie lactée"[141]

Comme le roumain Ghérasim Luca (1913-1994) dans "*La Voie Lactée*":

"*Ayant à remplir d'abord la forme d'un sein en chaleur, c'est comme la vipère dans la vie du père que la courbe rampe à la recherche d'une bouche mais celle-ci étant privée de dents, son ascendant est la balle, la balance, ainsi le sein est bien obligé de verser son lait dans une autre version de la hantise qui est innée à sa néantisation.*
Entourée de sel qui livre sa rage à une salive d'absinthe, entourée de ses lèvres rouges mais absentes, la bouche sans dents boit, lave, voile l'acte de téter, elle boit la Voie Lactée comme on lèche ou comme un chien qui aboie.
L'acte de suer dessus, l'acte d'être déçu au-dessous de soi-même et le sein, le simple fait de vouer, de vouloir ex ex exciter et exercer la succion sur un monde à excréter ex à exécrer aidé dé dé et déjà créé, crève le rêve du vampire et le sue, le suce en retour, se retourne souvent contre le vampire même, qui expie, expire, essaie et sec et ce qui qui étant, qui est encore pire, ce qui empire encore plus le pis, le pire, c'est qu'en expirant le corps secrète, il secrète le secret des mots et des mobiles, le secret de sa mobilité.
Et c'est dans le noyau du feu foetal, dans le noyau foetal et focal d'une pêche immobile que l'homme noie à jamais le sec, le secret de son péché figé, fixé et pétri pétrifié à jamais."[142]

Et le belge Georges Mogin (Nourge, 1898-1990) dans le plus abstrait "*On sonne*" (dans lequel on notera, quand même, l'association, apparemment accidentelle, en trois strophes consécutives, des figures de la lune, de l'alouette [dont la rime non dite et le symbolisme classique sont, évidemment, phalliques, surtout qu'antérieurement a été évoquée la lune] et des nuitées) dans le recueil (d'ailleurs) intitulé *La Langue Verte* (1954)[143]:

"*Ouf! tu repondais, je crois*
Que l'habitant de la lune...

Je parlais de croix, de croix;
Ah oui, tu parlais de prune.

Je ripostais cependant...
Tonnerre, encor la sonnette!
Je disais : le mal aux dents...
Non, je disais : l'alouette...

Ces escaliers me tueront.
Tu réponds: ta voie lactée,
Tes soleils et tes nuitées.
Que tout ça tourne assez rond."[144]

La Voie Lactée étant aussi, inversement (et donc, peut-être, freudiennement, par surdétermination - ce qui ne serait pas impossible de la part du cinéaste -), le titre d'un film de Buñuel de l'année 1969 (également chargée de représentation sexuelle, voir la chanson que lui dédia Serge Gainsbourg), film dédié à la critique théologique[145].

On a parfois voulu voir[146] dans la strophe:

"Ne peux-tu prendre les étoiles?
Écartelée tu leur ressembles,
Dans leur nid de feu tu demeures
Et ton éclat s'en multiplie"[147]

Du poème "*Première du Monde*" dédié à Picasso et décrivant Gala, d'Éluard dans *Capitale de la Douleur*, l'image de la "*Voie Lactée*".
On pourrait aussi voir dans les vers:

"Devant les roues toutes nouées
Un éventail rit aux éclats."

Du même poème le renforcement de notre analyse[148], et l'écho des oeuvres de Man Ray: *Histoire de la science* et l'éventail sans titre, en même temps que l'alternance du sourire ouvert et fermé de *Ballet mécanique.*

I.6. Rationalisation des données du dossier

Nous avons donc un principe de manège, dans *Le retour à la raison* de Man Ray comme dans *Le Grand Verre*, qui renvoie à l'idée d'essorage, associé, dans les deux oeuvres, également à un second principe de découpage-cadrage (que reproduit l'*Autoportrait* aux lunettes de Man Ray pour *Les Mains Libres*, sorte de fenêtre que l'on retrouve, dessinée derrière les éléments de *La Mémoire* de Magritte, à savoir la boule et le buste, ici masculin [probable autoportrait de l'artiste, de fait], et des mains [noire et blanche - selon l'obsession visuelle du photographe autour de ces deux couleurs, dont le parangon est *Noire et Blanche* -, la main noire portant ici une ombre sur le crâne du buste, à l'endroit où reçoit la blessure *La Mémoire* de Magritte], substituant ici les gants de *Facile*, dans l'*Étude pour la couverture d'un livre* de 1933[149]), nous renvoyant à Courbet, *Étant donnés: 1° la chute d'eau 2° le gaz d'éclairage...*, et, par conséquent, aux gravures de Dürer de *Machines perspectives* (1525)[150], dont l'une présente, comme *Étant donnés...*, une femme aux jambes ouvertes (dont Courbet ne présente que le pubis, thème que reprendra *Hon* de 1966[151] de Niki de Saint Phalle).

Le corps féminin étant ce qui, finalement, dans l'ordre chronologique des séquences du *Retour à la raison*, et thématiquement, voire anagogiquement, dans *Le Grand Verre*, est au centre des deux oeuvres, dans les deux cas, encore, par le frôlement, soit de lumière à travers le rideau dans le court-métrage de Man Ray, soit par le voile-Voie Lactée de la mariée chez Duchamp.

Nous avons noté la récurrence, dans les photographies de Man Ray, du motif du corps féminin découpé par la lumière, mais on le retrouve encore dans celles d'Erwin Blumenfeld, telles, entre autres, *Untitled jewels*, (c.1945) [152] et *Half-Solarized Face* (1948)[153] - ce dernier qui reprend l'iconographie de "*Le temps qu'il faisait*", faisant ainsi noter clairement le lien entre son oeuvre et celle de Man Ray -, mais on pourra aussi citer de Blumenfeld le *Portrait of Cecil Beaton, NYC* (1947)[154] et *Line on Face* (1947)[155] - qui, quant à lui, reprend le principe de *La raie verte* (1905)[156] d'Henri Matisse et peut est, en outre, de la même année (1947) que le portrait de l'actrice *Ella Raines* par Man Ray[157] -. Toutefois, André Steiner (*Portrait*, c.1935)[158], Max Dupain, (*Sans titre*, 1930[159]; *No.1 nude composition,* 1934 - qui reprend la thématique de *Untitled (Nude with pole)* [160]-; *Spontaneous Composition*, 1935[161]; *Late afternoon at cronulla*, 1937; *Jean in wire mesh*, 1937[162]; *Nude behind mesh*, 1937[163]; *Hot Rythm*, 1938[164]; *Nude in grass*, 1939[165])[166], Fernand Fonssagrive (1940-1950, essentiellement dans des photographies de sa première femme, Lisa Fonssagrive)[167], Herb Ritts (*Neith with Shadows (Front), Poundridge*, 1985[168]), et Lucien Clergue dans ses *Nus Zébrés* (1997)[169], entre autres[170], ont travaillé le nu féminin découpé par les raies de lumière.

De fait, non seulement dans le titre *Nude behind mesh*, nous avons une explicite correspondance avec la problématique de Duchamp dans la partie du voile du *Grand Verre*, mais encore Dupain, dans *Nude with light traces*, 1938[171], *Dancers dancing* et *Dancers with light traces* (toutes deux de 1940)[172], montrant, une fois encore, les permanences thématiques, intertextuelles (ou inter-objectales), dans les oeuvres des artistes de l'époque, reprend le principe de *Space writing*, initié par Man Ray dès 1935 avec son *Self-Portrait*[173] et développé en 1937[174], et que reprendront, d'une part, Picasso en collaboration avec Gjon Mili en 1949 et, de l'autre, Georges Mathieu en 1950[175].

Revenant à la question du découpage de la figure féminine dans un symbolisme sexuel, Man Ray réalise en 1937 la photographie de la tête de *Vénus* entourée d'un filet (qui ne peut que nous rappeler, évidemment[176], le *Desinganno* de Francesco Queirolo, 1753-54[177]). Peut-être inspirée par l'antécédent, photographié par Man Ray lui-même[178], de Jean Cocteau réalisant son propre *Autoportrait* en fil de fer (1926), technique que l'écrivain et cinéaste réutilisera pour *Le Sang d'un Poète* (1930).

La surimpression auréolant le corps féminin, dans un jeu de négatif-positif est une technique propre de Man Ray, qui le définit. On pense ainsi aux fameuses photographies solarisée de *Sleeping Woman* (1929)[179] et en négatif de *Jacqueline Goddard* (1930)[180], *Sleeping Woman* reprenant le motif du corps féminin entouré, ici par son propre contour, comme la fiancée du *Grand Verre* par son voile.

Aussi bien ces essai colorimétriques de Man Ray sont-ils repris par Blumenfeld dans *Black and White* (c.1930)[181], copie, en quelque sorte, de *Noire et Blanche* (*Visage de nacre et Masque d'ébène*, 1926[182]) de Man Ray[183], dont d'ailleurs celui-ci présente, la même année 1926 une mise en miroir dans *Noire et Blanche (négatif)*[184], comme, encore, le même Blumenfeld s'intéresse fortement à la relation entre le corps féminin et les voiles qui l'emprisonnent (*The Eiffel Tower*, 1939[185]), intérêt, on le voit, dans le cas de *The Eiffel Tower*, lié, comme dans *Le Grand Verre* ou Man Ray dans *Les Mains Libres*, à la suspension dudit corps en apesanteur.

Pareillement, Blumenfeld, dans *Nude Under Grid* (c.1950)[186], reprend, comme Man Ray dans son court-métrage ou dans *Vénus*, et comme *Le Grand Verre,* la question du corps féminin découpé par la lumière, ou un objet chez Duchamp.

    Untitled (Lisette) (1938)[187], *Lisette behind fluted glass, New York* (1943)[188], *Water Effect, Cover Study, New York* (c.1952)[189], *Untitled* (c.1952)[190], *Nude Waving Behind Perforated Screen* (c.1955)[191] marquent l'intérêt, également notable, de Blumenfeld pour le découpage, sous différents matériaux, dont l'eau et le verre, du corps féminin. Alors que *Shadow Profile Behind Veil (Female Nude)* (1942)[192] et *Dayton's* (1955)[193] accentuent, comme *Le Grand Verre*, la question de l'indéfinition de la forme par le rapport de distorsion entre le volume du corps et celui des vêtements, en un jeu de superposition. Similairement, en ce qui concerne, pour nous, le rapport au *Grand Verre, Fashion Montage, New York* (c.1950)[194], fait, comme la version correspondance d'*Histoire de la science*, disparaître la tête de la femme, ici remplacée par un objet conique, illuminé de derrière par le soleil, ce qui nous renvoie au *Principe de Plaisir - Portrait d'Edward James* (1937)[195] de Magritte, dont, encore une fois, à un symbolisme d'émergence phallique par destruction (de manière fort intéressante, parallèle et inverse à celui du *Plaisir* du même Magritte[196]).

    Dancing Model Behind Veil, New York (1946)[197], *Model in Slip, New York City* (1947)[198] montrent l'intérêt de Blumenfeld pour le modèle pris dans ses vêtements[199]. Comme l'indiquent aussi d'autres photographies[200], dont celles qui, si bien le photographe travaille aussi son propre visage défiguré, notamment par des masques[201], les évolutions du corps féminin pailleté par la lumière[202], décomposé[203] et, voire, défiguré par les jeux de miroir[204] (le découpage, que nous avons vu dans *Line on Face,* du visage féminin, se résout ainsi, dans certaines photographies[205], par la décomposition visuelle, parallèle à celle du corps dans les autres évoquées dans le présent paragraphe, par superposition, on pourrait dire cubiste, de l'ombre du perfil au trois-quarts du visage), s'évanouissant à la vision claire du spectateur[206], ou bien, inversement, se métamorphosant et/ou s'étendant hors de lui-même, en "*filaments*", pour reprendre le terme de Duchamp pour *Le Grand Verre*, de chevelure[207], de parties de corps se brisant[208], divisant, de nouveau, en miroir[209] ou réduction fractale[210] ou se superposant[211] (en cela il est intéressant, toujours par rapport au *Grand Verre* et à son symbolisme sexuel, que le corps féminin ainsi métamorphosé puisse être substitué par une boule blanche, d'où surgit, significativement pour nous, la tête [reconnaissable à son couvre-chef] d'une ballerine[212]).

Dans ce même sens, Blumenfeld dérive de la voilette et des points lumineux s'interposant sur le visage féminin (lequel peut facilement être détruit, dans ce cadre de violence implicite, similaire à celui du *Viol* magrittien, comme dans le *Mannequin* de 1938 de Sonia Mossé, photographié par Raoul Ubac[213], et portant également voile, comme la fiancée du *Grand Verre*, ou les femmes compromises par leurs vêtements de Blumenfeld) un pointillisme de celui-ci[214] qui nous renvoie, dans notre *corpus*, au *Grand Verre* et au même procédé par Duchamp.

Comme Grete Stern (sans titre de la série *Rêves*, 1949[215]) ou Man Ray lui-même, dans la rayographie *Baiser* (1922)[216] et le portrait de Dora Maar[217], Blumenfeld[218] reprend, par le jeu des mains des figures féminines s'entourant elles-mêmes, l'iconographie (de possession) des mains multiples autour du visage féminin de *L'évidence* des *Mains Libres*[219]. Notamment dans la ""*Blind Girl... photographed with the model covered by black cloth.* (dont) *That part of the negative was solarized.*"[220]

Comme il reprend aussi la surexposition photographique du corps féminin pour en re-délimiter les contours, dans *Nude*

Under Wet Silk, Paris (c.1937)[221]. On ne sait, ainsi, pas si l'intérêt qu'il porte à la chevelure déployée dans *Hair* (également c.1937)[222] n'est pas aussi, similairement, une reproduction de celui de Man Ray pour les longs cheveux de Lee Miller.

À son tour, Dupain (*Nude in sunlight*, 1937)[223] reprend l'idée que développe déjà *Le Grand Verre* de la figure féminine gigantesque surgissant d'une mer de nuage (du Ciel/de la Voie Lactée, dont nous avons vu, dans la poésie surréaliste, l'implicite symbolisme mammaire).

Comme les objets présentés par Man Ray dans la *Rayography* (1923) de la collection d'Elton John[224] reproduisent, là aussi reliés par des ressorts, ceux de la partie haute, à gauche pour le spectateur, du *Grand Verre*.

Il est, dès lors, par cette récurrence, chez Duchamp, Man Ray, Blumenfeld, et voire Mossé, de la figure féminine restreinte par des cadrages, d'habits, de lumière ou autre, que le masque, clairement quadrillé, soit utilisé par Rebecca Horn comme symbole de soumission sociale de la femme :

"Les «outils» en cuir qu'elle imagine sont le plus souvent référencés dans le Body Art, car Rebecca Horn les a mis en scène dans des performances filmées en 1972. Dans Pencil Mask (1972), le sujet porte un masque fait de lanières de cuir dont les intersections sont dotées de crayons; la tête dessine alors sur un mur, dans une chorégraphie aussi pénible que poétique. Mais sa première œuvre d'importance est certainement Unicorn (1970-1972), prothèse portée pour une performance qui donna lieu à une photographie et un film, aujourd'hui emblématiques de l'œuvre de l'artiste. Une femme y est visible, hiératique au milieu d'un champ de blé, le corps Une femme y est visible, hiératique au milieu d'un champ de blé, le corps partiellement recouvert de larges bandes blanches, et le visage ceint d'un casque textile tenant droit, sur sa tête vue de profil, une longue corne (faut-il suggérer, ce qu'oublient, semble-t-il, les auteurs de l'Encyclopaedia Universalis ici, une sorte d'allusion autobiographique, puisque le nom de famille de l'artiste "Horn" signifie en allemand "corne")."[225]

Le titre même: *Les Mains Libres,* comme son image de couverture, faisant doublon avec *L'évidence*, dont le titre ne fait que nous confirmer dans ce que nous savons déjà, est la marque symptomatique, dans l'art d'avant-garde, puisqu'on la retrouve chez Dalí ou Magritte, mais encore dans *Brosse à cheveux* des *Mains Libres*, de la possession de la femme par l'homme, concrètement par l'artiste-Pygmalion.

À la fois, cette démultiplication des mains fait écho, dans notre *corpus*, à celle des prétendants dans *Le Grand Verre* ou dans le court-métrage de Richter.

Nous concevons l'oeuvre de Duchamp à partir de la reprise et de la copie[226].

En effet, *Nu descendant un escalier No 1* (1911)[227] et sa séquelle *No 2* (1912) n'est qu'une copie de l'idéologie futuriste, dont *Forme uniche nella continuità dello spazio* (1913)[228] d'Umberto Boccioni, déjà développé dans *Muscoli in velocità* (1911)[229] et repris dans *Synthèse du dynamisme humain* (1913)[230] et *Expansion Spirale des Muscles en Action* (1914)[231], est la forme paradigmatique. *Étant donnés...* est une variation des *Machines perspectives* de Dürer et de *L'Origine du monde* de Courbet. L'*Objet dard* (1950-1961[232], pendant de *Feuille de vigne femelle,* 1950-1951[233], et en lien direct avec *La Prière,* 1930, de Man Ray[234] [à son tour inspiré de *Nude with Cat*, 1903, du second volume, p 39, de *Camera Work* de l'influent photographe Edward Steichen[235], où les cheveux de la femme, agenouillée mais de face, se perdent en se confondant avec le pelage du chat, dans une probable allusion sexuelle[236]) est une copie, à son tour, de *Princesse X* (1915-1916)[237] de Constantin Brâncuși. *L.H.O.O.Q.* (1919[238], présenté en couverture du No 12 de la revue *391* de Picabia[239]) partage son titre avec celui de l'oeuvre de la même année de Picabia[240], tout en reprenant le motif de *La Joconde fumant la pipe* (*Le Rire*, 1887) par Eugène Bataille[241]. *Erratum musical* (1912-1915)[242], qui inspirera John Cage pour *3'44"*[243] et rapprochera les deux hommes, reprend[244] *L'Album primo-avrilesque* (1897)[245] d'Alphonse Allais. On trouve, chez Juan Gris, le motif du *Moulin à café* comme thème principal dans le dessin *Le Moulin à café* (c.1911[246]) et dans les toiles *Moulin à café et bouteille* (Mars 1917[247]) et *Le Moulin à café* (Avril 1920[248]). Toutefois, rappelons que l'*Air de Paris. (50cc de Paris)* (1919)[249] a été copié par Piero Manzoni dans son *Fiato d'Artista* (1960[250]).

Dans cette perspective, il faut noter que le jeu de mot, propre de Duchamp, de l'*Objet Dard* ("*Objet d'Art*") rappelle ses indications dans la *Boîte Verte* de 1934[251] d'appeler *Le Grand Verre* non pas "*tableau en verre*" mais "*retard en verre*", en même temps que la forme même du phallus pendant dudit *Objet Dard* (relativement flasque par rapport à la *Princesse X* de Brancusi) renvoie, à son tour, à la partie, non ajoutée, mais indiquée dans la même *Boîte Verte,* de structure flasque, pendant vers le bas[252], du *Pied de la broyeuse de chocolat*[253], contrepartie du *Manieur de gravité*.

Pareillement, si l'on accepte la prémisse d'une intertextualité ample de l'oeuvre de Duchamp, il faudra revenir sur ses liens, biographiques comme artistiques, avec Picabia notamment. Ainsi sont frappantes les ressemblances, non pas tant avec *Le Grand Verre* tel qu'il apparaît dans sa version finale, inachevée selon informe Duchamp lui-même, mais entre les croquis présentés de la *Boîte Verte* et les oeuvres de Picabia. Nous pensons, concrètement, à la relation de pistonnage de *L'Enfant carburateur*[254], notamment des couvertures des numéros 1 (Barcelone, 25 Janvier 1917) et 8 *Construction* et de la revue *391*[255]*,* à la fois la structure générale du *Grand Verre* (notamment par rapport à la couverture du No 8 de la revue) et son titre (par rapport à celui de "*Novia*" du No 1, qui, selon l'inscription au bas du rouage représente, selon la même idéologie que *Le Grand Verre*, "*Le saint des saints*"). La forme d'axe de joint du type de celle des engrenages de bicyclette reliant la petite roue à la grande dans la couverture du No 1 rappelle l'"*éventail*" de la partie haute du *Grand Verre* et des versions de la *Fiancée* par Duchamp. Non seulement on retrouve dans le No 8 la relation entre la roue et la forme angulaire par une sorte de chaîne de montage, mais cette forme angulaire est à mi-chemin entre le rectangle de la "*machine-célibataires*" du *Grand Verre* et du triangle chapeautant *Le Petit Verre*.

Toujours dans *391*, on retrouve dans le dessin de Lloyd pour le poème "*Convulsions frivoles*" de Picabia[256] plusieurs éléments des notes de la *Boîte Verte*: la paire de ciseaux, le trépied droite, le lien machiniste entre les deux roues représenté par un flux de mouvement en arc de cercle double, et du *Grand Verre* lui-même l'énorme manteau de la figure cousant. De même, le poème de Picabia et son titre offrent les idées de la *Boîte Verte*, à savoir: les "*convulsions taré*(e)*s*" et "*frivoles*", et les mouvements "*épileptiques*" de la "*pudeur révoltée*". Pareillement, le "*Peigne*" qui règne sur la couverture du No 2 du 10 Février 1917[257] renvoie à l'intérêt de Duchamp pour cet objet dans la formation formelle (afin de créer certains reliefs sur le verre) et intellectuelle (selon le nombre de ses dents et comme "*Miroir de l'apparence*") dans la *Boîte Verte*.

L'instrument de couverture du No 3 (1er Mars 1917)[258], sorte de vrille à paume en manivelle, a aussi d'évidents liens avec *Le Grand Verre*, par la structure d'épingles qui le forme et rappelle celles dont parle Duchamp dans la *Boîte Verte* pour mettre en branle la machine-célibataires, et par l'anthropomorphisation de l'objet par Picabia, puisque le cou argenté aux bras noirs levés qui terminent la figure l'incitent à l'identifier avec une "*Flamenca*", ou, pour être plus précis et moins concis, avec une danseuse de flamenco (plus qu'avec, littéralement, une "*Flamande*"). Nous mettrons cette image en parallèle avec les *Cônes* du No 5 (New York, Juin 1917, p. 5)[259], qui acquièrent, en réalité, la forme d'un corps féminin, avec son pubis proéminent.

On retrouve encore cette structure en vrille, associée à deux roues, en forme, celles-ci, d'épingles, dont la plus grande a un pourtour tridimensionnalisé noir, alors que le titre de l'image est "*Le cul en tête à tête*", dans la couverture du No 2 (Paris, 25 Mai 1920) de la revue *Cannibale*, également de Picabia[260]. Le titre justifie la relation des deux figures. Ici, plus clairement que dans le No 1 de *391,* et comme dans *Le Grand Verre*, la relation de dimensions entre la figure qui pourrait être mâle (tête plus petite, pointe plus longue ici) et la femelle, et comme encore dans *La Géante* de Magritte, est en faveur de la femme. Toutefois, le titre, si on le réduit à sa plus simple expression: "*Le cul en tête*" nous permet de faire lien avec une série d'oeuvres de Picabia et de Duchamp.

Nous pensons ici, très concrètement à *Réflection à main* (1948)[261] de Duchamp, qui représente une main tenant une boule noire[262] posée sur un gros bâton. L'imagerie visuelle de l'analité sexuelle est on ne peut plus claire. D'autant que, dans l'ordre des jeux de mots duchampiens[263], on peut aisément diviser "*Réflexion*" en "*raie-flexion*". De fait, *Réflection* est, en outre, la reprise, à la fois en sens plus pratique (car présentant tous les termes de l'équation, sans rien laisser à l'imagination) et plus abstrait (car visuellement moins directement compréhensible, décomposant les éléments du message en ses parties), de *La Prière,* de dix-huit ans son prédécesseur, par Man Ray, puisqu'ici l'anus noir s'offre à la main tenant le bâton-phallus (tuyau d'évacuation *ready-made* intitulé *God*, 1917, par la baronne Elsa von Freytag-Loringhoven et Morton Schamberg[264], et "*Dieu brouillon*" de Picabia dans *Prenez garde... à la peinture,* 1916[265]) qui le pénètre déjà, en le soutenant, là où chez Man Ray les mains, jointes (conformément, donc, au titre), entouraient l'anus, inversant la position traditionnelle d'offrande de l'orant, agenouillé et les mains ouvertes, l'agenouillement chez Man Ray étant la forme pour permettre aux mains de pouvoir entourer l'anus. Le titre de Duchamp ne laisse aucun doute sur cette génétique intertextuelle, puisque le concept de "*flexion*"/fléchissement (et non réflection[266], de réfléchissement - étant ici un miroir noir qui nous regarde -) renvoie bien dans le champ de l'agenouillement.

Pareillement, le *Portrait de Tristan Tzara* par Picabia[267] (qu'il faut sans doute voir comme le pendant de l'organigramme *Mouvement Dada* de 1919[268], et une reconnaissance à Tzara comme chef de file[269]), qui part d'un rond noir (l'anus[270]) pour monter, par les "*fééries ou idées*" transformées en "*mots vaporisés*" pour arriver au "*parfum*" de ce qui pourrait être la tête de ce corps divisé en une progression anagogique hégélienne, si l'on veut, dont les principes sous-jacents de visualité en forme de gnomon pourraient être appliqués des théories données à propos du *Petit Verre*[271], alors que ses formes circulaires, notamment l'avant-dernière vers le haut, se mouvant sur un seul axe, nous renvoie au *Pendule de profil et l'Inspecteur d'Espace*[272] des notes de la *Boîte Verte*[273].

De fait, non seulement *Le Petit Verre (À observer (depuis l'autre face du verre) avec un œil, très proche et pendant près d'une heure,* 1918)[274], qui a put être identifié à un gnomon[275], ressemble à s'y méprendre au *Tableau II, Gnomus* (1928) de Vassily Kandinsky[276], la version de 1916 de *Voilà la fille née sans mère* de Picabia (encre de Chine, gouache, crayon et aquarelle sur carton)[277] se rapproche très clairement du *Moulin à café* de Duchamp et à la broyeuse à chocolat du *Grand Verre*.

Alors que dans les notes de la *Boîte Verte*, Duchamp insiste sur les éclaboussures comme éléments d'épanouissement de la mariée, *La Sainte Vierge* (1920)[278] de Picabia n'offre que cela: une série concentrée au milieu de la page d'éclaboussures totalement noires.

Or *Le cul en tête à tête*, avec ses deux cercles, associés, nous renvoie bien dans l'ordre de l'insistance, que nous avons vue, sur le chiffre huit associé, et superposé, au corps féminin, dans *Poèmes et dessins de la Fille née sans mère* de Picabia, comme encore dans le *Totalisateur*[279], et les sculptures d'Ernst. Si Ernst associe alternativement le huit et le six au corps féminin, l'on peut induire qu'il s'agit d'une relation intellectuelle de superposition (comme elle l'est, de fait, visuellement) entre le corps et sa forme, comme on le voit, peut-être plus clairement, dans les *Cônes* du No 5 de *391*. Ainsi, les deux cercles associent, verticalement, chez Ernst, le torse et les hanches, en une forme infinie, comme le six insiste (on ne reparlera pas de la signification du 69) la courbe descendante, uniquement, vers la partie des hanches. C'est l'option d'interprétation horizontale, que nous avions émise, pour les "Cantharides" des *Poèmes et dessins de la Fille née sans mère*, selon qu'elle(s) soi(en)t "*Vêtue*(s) *de brun/ Vêtue*(s) *d'or*". C'est le sourire s'ouvrant et se fermant de *Ballet mécanique* de Léger, c'est la séquence d'affirmations décalées l'un de l'autre "*Oui Non*" (1953)[280] de Picabia (ou, en tous cas pour nous, par le fait, le O d'ouverture du Oui - toutes les lettres sont majuscules dans la séquence, aucune ne se distingue donc particulièrement si ce n'est par l'organisation des deux mots entre eux - s'offre à nous, alors que celui, enfermé entre les barres de ses N du Non se ferme, présentant donc la dichotomie brun-or du même Picabia, vierge-mariée de Duchamp, et, donc, pourquoi pas, phallique, donc vaginale, du Oui [voir l'analyse par Jean Suquet du *Manieur-jongleur de centre de gravité*[281]], et anale, car défendue en tant que refusée, du Non).

On relève ainsi qu'originellement, les *Neuf Moules Mâlic*, dans le *Cimetière des uniformes et livrées* (1913)[282], ne sont que huit (le chef de gare ayant été ajouté, faut-il croire, postérieurement):

"*1. Prêtre*
2. Livreur des grands magasins
3. Gendarme
4. Cuirassier
5. Agent de paix
6. Croque-mort
7. Larbin
8. Chasseur de café"

Aussi bien, donc, les différents offices doivent retenir notre attention (ils remplissent tous, si l'on se prête à cette lecture, des fantaisies sexuelles de jeu de rôle, en commençant par le prêtre du dépucelage - on pense aisément aux religieux des contes de Boccace -, et se divisent en grands groupes: le religieux *vs.* le laïc; le militaire *vs.* le civil; l'autorité *vs.* le service; vie [prêtre, gendarme - qui ne va pas à la guerre -] *vs.* mort [cuirassier - on pense à celui, blessé, de Géricault -, croque-mort]; chaque groupe remplissant une fonction: on l'a évoquée pour le prêtre, il ne semble pas faire de doute que le livreur joue ici le rôle de celui de pizza dans les fantasmes plus contemporains, ni que le croque-mort ne renvoie à la nécrophilie et aux pulsions du type de *Boxing Helena*; pareillement, le larbin, comme son nom l'indique est une sorte d'illustration au pied de la lettre de Sacher-Masoch, alors que le gendarme et l'agent de paix sont, au contraire, ceux qui mettent les menottes, arrêtent, interrogent, et donc dominent), comme le statut particulier du chef de gare, lequel nous renvoie facilement à la question de la représentation de la femme chez Delvaux, et donc au symbolisme très direct de l'entrée du train (entendu comme objet phallique).

Revenant à *Étant donnés...* et son lien à l'organisation générale du *Grand Verre*, validé par les notes de la *Boîte Verte*, dans lesquelles Duchamp insiste sur l'utilisation du gaz, et commence par de répétées références à *Étant donnés...*, précisément, au bec Auer, et à des réflexions sur le titre de cette oeuvre, le dessin *Le Bec Auer* (1968[283], que l'on pourrait cependant assumer comme préparatoire à *Étant donnés...*), de fait à mettre en parallèle avec *Suspension (Bec Auer)* (1903-1904)[284], montre l'entrelacement des deux corps, masculin et féminin, alors que les cheveux de l'homme - seule partie du dessin totalement noircie -, pour sa position, délimite le pubis de sa compagne. On retrouve donc là la structure de *La Sainte Vierge*, *Réflection à main,* et des notes de Duchamp sur les éclaboussures.

De fait, dans *Le Bec Auer* comme dans *Étant donnés*, la femme tient le bec de gaz, d'aspect phallique, comme dans *Réflection à main* celle-ci tient le bâton au bout duquel apparaît le cercle noir.

Revenant de nouveau sur les emprunts de Duchamp, la version de 1968 de la *Porte pour Gravida* (Hessisches Landesmuseum, Darmstadt)[285] - variation, comme la *Porte: 11, Rue Larrey* (1927)[286] autour d'un des thèmes centraux de Magritte - reprend la double silhouette, présente dans *Le Bec Auer*, mais ici, comme chez Magritte, lui donnant un aspect, bien que bifide (ce qui n'est jamais le cas dans l'oeuvre de Magritte), d'une ouverture informe, laquelle dans les portes magrittiennes (qui, dans les peintures du Maître belge sont d'éternels symboles féminins pénétrés, comme les trous de serrure/yeux - selon le principe que l'on retrouve, de fait aussi, dans *Étant donnés* -)

prend communément, comme nous l'avons montré[287], l'aspect d'un vagin.

Suspension, quant à lui, nous offre deux éléments importants: la transposition de la boule noire de Le Bec Auer et Réflection à main, dans la partie de suspension murale de la lampe, et la lévitation de la figure, deux éléments, le second reprenant la Voie Lactée du Grand Verre, le premier qui permet de mieux la comprendre.

On retrouve le principe de suspension dans Sculpture de voyage (1917-1918[288], que, de manière fort allusive, par rapport aux notes de la Boîte Verte sur les filaments, Duchamp lui-même compare à une "toile d'araignée"[289], et dont la forme, en outre, figure un vêtement intime féminin, même s'il ne l'est pas au sens strict), et dans First Papers of Surrealism (1942, à son tour variation de Ciel de roussettes (1200 sacs de charbon suspendus au plafond au-dessus d'un poêle) de l'Exposition Internationale du Surréalisme, Paris, Janvier-Février 1938[290]). Or, dans le dessin-note Un rayon de lumière (soleil)...[291], Duchamp exprime clairement que la toile d'araignée est l'"exemple "naturel" d'une carcasse (pseudo-géométrique)", comme, de fait, l'est celle de la Voie Lactée du Grand Verre. Cet "exemple" y est dessiné comme celui de jambes écartées, sur lequel nous reviendrons à propos du groupe du Bec Auer.

Notamment, on retrouve des formes très similaires à celle de Sculpture de voyage, bien que sans qu'il soit clairement possible de savoir si les objets qui y sont représentés auraient eu pour Duchamp un sens masculin ou féminin, bien que pour la partie basse, des prétendants, du Grand Verre, dans le Croquis pour le Poids mobile et la Broyeuse de chocolat[292].

L'annotation d'Inframince de Duchamp comme quoi la toile d'araignée est la "cloison" ("intervalle"-"séparation") "entre *les deux sexes mâle et femelle*" qui, pour lui, le renvoie dans le champ de la "*Réflexion de miroir - ou le verre - plan convexe*", et dont il prend pour exemple les "*Portillons du métro. - les gens qui passent au tout dernier moment inframince -*"[293] permet d'ajouter deux éléments de connexion à la question: le symbolisme de division sexuelle de la toile d'araignée comme référent, et son caractère de contention et d'entrée (les portillons du métro). Ce qui renforce la figuration qu'il en donne comme de jambes ouvertes dans *Un rayon de lumière (soleil)...* de la même série d'*Inframince*, alors que le titre de cette note (*Un rayon de lumière (soleil)...*) peut trouver son explication dans le caractère "*inframince*" de la toile d'araignée laissant passer le soleil, comme *Le Grand Verre*.

De fait, la note sur l'*Isolation de l'inframince!*[294], qui reproduit une structure rectangulaire, divisée en trois partie rappelant *Le Grand Verre* (bien que les dimensions indiquées en soient différentes), porte, également, une tache d'encre, dont aucune indication ne permet de savoir si elle a été faite volontairement, mais dont la forme générale rappelle la Voie Lactée du *Grand Verre*, dont elle arbore même la manière de trompe au bout d'une petite tête finalisant un long corps oblong et rectangulaire. Forme de la Voie Lactée que nous retrouvons, encore, à la fin de la note *Course de 2 mobiles A et B... / Musique en creux: d'un (accord)...*[295].

Nous avons noté la similitude thématique et formelle entre la *Fille née sans mère* de Picabia et *Le Grand Verre*. Cette similitude s'accentue encore si l'on se reporte à la note de Duchamp sur la *Baratte*[296], laquelle, comme *Triturants et liquéfacteur [n° 1, 2, 3, 4, 5, 6, 7]*[297], et *Mirage verbal / [figures de la Section d'or]*[298], révèle la structure en circuit fermé des opérations impliquées, selon les notes mêmes de la *Boîte Verte*, dans l'activité (abstraite, puisque jamais amenée à la pratique par l'artiste) de la machine du *Grand Verre*.

La Baratte (qui, de nouveau, est un circuit à fonctionnement par deux roues superposées, comme souvent chez Duchamp ou Picabia, c'est, une fois de plus, la centralité, pour nous, de la représentation en forme de huit, puisqu'au fond ces machines, chez aucun des deux, n'ont jamais été appelées à fonctionner réellement, ce qui met bien en évidence que, contre l'apparence, il ne s'agit pas d'instruments mécaniques mais d'oeuvres d'art) semble être une structure qui impulserait le gaz dans les "*tubes d'échappement*" de la Glissière, à droite de la représentation, bien qu'à notre sens leur localisation entre en contradiction avec les indications de Duchamp pour que desdits tubes parte le gaz liquéfié en paillettes pour exciter la mariée, ce qui nous semblerait plutôt impliquer une orientation verticale. Toutefois, cette incohérence, au moins selon notre lecture, si toutefois celle-ci est correcte - ce qu'il est compliqué d'affirmer, puisque, comme pour les autres interprétations, et essais de localisation des pièces jamais intégrées, telle, notamment, la tentative de Suquet, ces éléments n'ont jamais été intégrés par l'artiste -, cette incohérence, disons-nous, révélerait, peut-être, le rôle, sinon féminin, au moins de récepteur (de fait, amplement attesté par les notes de la *Boîte Verte*), de la Broyeuse.

Reprenant son insistance sur la comparaison aux fêtes foraines, et citant explicitement ici la Fête de Neuilly (avec la mention d'éclaircissement du jeu auquel renvoie le croquis: " *Fête de Neuilly - essayez votre force ou bien = les bombes que laissent tomber les aviateurs*"), et revenant, également, à la comparaison avec "*les aviateurs*" (comme la page trois[299] de la note de la *Boîte Verte* sur le "*Chariot* [mot raturé par une croix] - *Traineau* [mot entouré] - *Glissière*"[300]), dans la note *Poids. = Fête de Neuilly...*/ *[Plus simplement]*, entièrement raturée,

> "*Forme du poids.*
> *Le Poids, forme de bouteille à cul de plomb avec un anneau*
> *Le Poids, forme de bouteille de Bénédictine ou un "Magnum"*
> *Petite méchanceté une concession ironique à des natures mortes*
> *Chanson: La révolution du Poids bouteille.*
>   *Après avoir tiré le chariot, par sa chute le poids bouteille se laisse enlever par le crochet de révolution. Il s'endort en remontant et [n']est réveillé en sursaut [qu']au point mort, la tête en bas. Il exécute la pirouette et [aux ordres de la pesanteur] s'abat verticalement.*
> *Voir figures à: chariot*"

Le texte après les deux points de "*Chanson*" semble bien en être les paroles, puisqu'on le retrouve, à l'identique dans la note *Chanson: La révolution du poids bouteille...*[301] De fait, *Poids. = Fête de Neuilly...*/ *[Plus simplement]* semble être, contradictoirement au fait qu'elle soit entièrement raturée, la rédaction groupée (donc insistante) d'autres notes éparses (et leur confirmation), puisqu'on retrouve, similairement, dans celle *Le poids. forme de la Bouteille de Bénédictine*[302] l'indication de la Bouteille de Bénédictine "*ou un "Magnum"*" "*Petite méchanceté: Une concession ironique à des natures mortes.*"

Poids. = Fête de Neuilly.../ *[Plus simplement]* explique on ne peut plus clairement le processus de mouvement que Duchamp a, semble-t'il, toujours voulu généré dans *Le Grand Verre*. Toutefois, comme nous le disions, le croquis du bas de la page trois de la note sur le "*Chariot - Traineau - Glissière*", qui étudie et indique le mécanisme de patinage de la Glissière pour mettre en branle l'ensemble du processus, montre un mouvement, non pas circulaire, mais vertical des bouteilles, qui explique:

> "*En arrière (à gauche du tableau) le chariot est ramené en position par le Sandow[303]. Dans le tableau les sandows seront au lieu d'un seul poids, plusieurs (4 ou 5) en forme de plusieurs bouteilles de marques, s'égrenant très vite, et tombant du haut de la mach.*

célibataire (poulie attachée à la 3me plaque isolatrice) bombes que laissent tomber les aviateurs"

La note *Peut-être? = Comme "fond" à la: mariée...célibataires*[304] indique ce caractère de fête foraine pensé par Duchamp pour *Le Grand Verre*:

"Peut être?: Comme «fond» à la: mariée... célibataires une fête électrique rappelant le décor lumineux de Luna Park Magic City Guirlandes de lumières sur fond noir.
Lampes à arc -
Feu d'artifice - au figuré -
Toile de fond féérique (lointaine) se laquelle se présente la «mariée.....célibataires...»"

Ce qui permet de mieux comprendre, peut-être, le rôle des couleurs dans *Le Grand Verre*.

Dans la note *Triturants et liquéfacteur [n° 1, 2, 3, 4, 5, 6, 7]*, le circuit auquel nous avons à faire est le suivant, selon l'ordre indiqué par Duchamp:

"Triturants et liquéfacteur... arrivée du gaz d'éclairage
Triturants: 1. Grand Récepteur -
2. Distribution: (Phénomène de séparation et de différenciation par la forme des tubes capillaires)
3. Collecteurs tubes courts: se réunissant en 1 premier semi collecteur.
tubes longs: se réunissant en un second semi collecteur (à côté) (forme escargot ou lyre)
4. Bouteille de mélange - (4 bouteilles mélange)
Liquéfacteur - 5. Tamis - admission large du gaz - les feuilles de tamis nombreuses et à trous de plus rapprochés, et de moins en moins gros. jusqu'au
6. Filtre triangulaire en métal aqueux. Filtre horizontal. donnant sur la baratte - (forme de tonneau (forme tronc de cônique courbe avec le filtre horizontal (pour petite base.)
7. tuyau d'échappement / (avant le filtre, tuyau d'échappement pour matières inutiles n'ayant servi que comme véhicule / du gaz -)"

Le "*Schéma*" y présente ainsi la séquence:

"gaz gd Récepteur tubes capill 1er semi collecteur 2d semi collecteur tubes capillaires longs Bouteille vers liquéfacteur"

De nouveau, on supposera que l'arrivée de gaz correspond à celle présentée dans la note sur la Baratte, dont nous avons dit son évident lien formel à l'oeuvre de Picabia, mais, cette fois, la bouteille renversée, dans son jet, produit, selon les autres notes, vues à propos du schéma, cette fois intellectuel, de ce mouvement, de la *Boîte Verte*, depuis la machine-célibataire ou Glissière (dont, dans la note Chariot et formes mâliques[305], où Duchamp indique que "*les tiges du chariot sont jaune vert rappelant la Reine (ou Roi et la Reine...)*", l'artiste nous dit aussi que le chariot "*dist*[ribue] *relative*[ment] *à la broyeuse*", ce qu'il montre par un croquis fléchant les deux objets entre eux dans un chemin A-B).

Or, nous frappe, dans cette note *Triturants et liquéfacteur [n° 1, 2, 3, 4, 5, 6, 7]*, en ce qui concerne la description visuelle des "*tubes capill* (et du) *1er semi collecteur*", par la rencontre des deux, la forme, soudain phallique, de la brisure, et, ajoutons, pour le "*2d semi collecteur*" l'espèce d'intestin qui en découle, terminé en deux petites sorties noires, qui nous renvoient à notre thèse rectale-vaginale du huit dans les représentations d'avant-garde.

Or, reportons cette structure, cette fois, à celle, au contraire linéaire, de la note *Course de 2 mobiles A et B... / Musique en creux: d'un (accord)...*, dans laquelle la représentation de la "*Ligne moyenne d'attirance du mobile A*" semble rejeter vers l'extérieur les deux lignes extérieures "*brisée*(e) *continue des points d'aimantation de... répulsion de A*", lesquelles, à leur tour, forment, très significativement, pour, un contour identique à celui de la Voie Lactée du *Grand Verre*, à la fin de sa ligne moyenne d'attirance, étant représentée la "*Chute d'A en Y*", laquelle, de nouveau, bien qu'inversée en sa position par rapport au *Grand Verre*, rappelle la trompe de la mariée.

Là où *Triturants et liquéfacteur [n° 1, 2, 3, 4, 5, 6, 7]* propose un circuit circulaire fermé, *Course de 2 mobiles A et B... / Musique en creux: d'un (accord)...*, au contraire, montre un courant linéaire, ouvert.

Or, il est commun (nous l'avons fait, nous même, ici) d'illustrer la genèse du *Grand Verre*, entre autres, par les deux peintures de la *Mariée* (1911 et 1912), et par rapport, aussi, au contemporain, puisqu'également de 1912, *Le Roi et la Reine entourés de Nus vites*. Notons que la traduction autorisée en est: *The King and Queen Surrounded by Swift Nudes*[306] (soit: "*Le Roi et la Reine entourés de nus rapides*").

Ce titre anglais rend bien compte du pluriel donné à "*vite*", dont on trouve une certaine récurrence dans la langue, notamment dans le domaine musical, comme, par exemple, chez François De La Feillée[307] et chez Jean-Jacques Rousseau[308], et en peinture, comme chez Robert Delaunay[309], même s'il apparaît aussi dans le langage courant[310].

Mais il ne rend pas compte de l'image en soi, telle que nous la révèlent les croquis préparatoires. En effet, aussi bien dans le dessin *Le roi et la reine traversés par des nus vite* que dans la version coloriée *Le Roi et la Reine traversés par des nus en vitesse*, et renvoyant au goût de Duchamp pour les jeux de mots, nous voyons une sorte d'abondante éjaculation du personnage de gauche (pour le spectateur), et devant celui de droite un pénis, impossible de ne pas reconnaître.

On en déduit, par l'incertitude aussi de Duchamp quant au titre à adopter, que les "*nus vites*" sont, surtout, de "*nus vits*". On trouve un similaire jeu de mots (dont, identiquement, l'on se rend compte en substituant, dans l'oraison, "*vites*" par "*vits*") chez Henri Michaux (*Ecuador*, 1929), lorsqu'il écrit, précisément, lui, non pas pour le dépucelage, mais dans une moquerie à la chasteté:

"Il y a pour moi une drogue dans la chasteté. Son effet: les mouvements vites."[311]

Ce qui reste encore à l'état d'ébauche dans le dessin, dans *Le Roi et la Reine traversés par des nus en vitesse* présente, très clairement, le cercle de gonades tendues expulsant un jet puissant, alors que le second personnage présente un phallus tête. Les deux personnages, à notre sens, se reconnaissent assez bien, le Roi, de tête rectangulaire tournée vers la Reine, celle-ci au visage triangulaire, divisé en trois partie, et s'évasant vers le bas, dont le bras gauche (le plus à droite pour le spectateur), courbé, semble tenir le second sexe sur une sorte de piédestal, tel un trophée. Pareillement, l'impression de vitesse du jet des sécrétions du Roi s'accentue par la double courbe, apparemment ses bras, qui entourent de ses mains la base du pénis comme s'il s'agissait d'un sabre, en une position qui, pour nous, contemporains, rappelle un peu celle, anachronique mais qui permet de mieux voir ce que nous essayons de décrire, d'un chevalier Jedi sortant son épée lumineuse, comme s'il tenait un katana ou un nodachi, les deux mains au niveau de la ceinture.

Nous dirions que le Roi semble regarder tristement la Reine, qui a l'oeil plus pétillant, avec la joue relevée en une ébauche de sourire, l'un sans doute pour l'effort déployé, l'autre pour cette apparence de préparation à la fellation.

Toutefois, dans la version finale, sans qu'on imagine très bien pourquoi, sauf si ce n'est pour en quitter l'évidence graphique, Duchamp transforme *Le Roi et la Reine entourés de Nus vites* en deux figures, au contraire, divisées par une ligne verticale, qui montre un mouvement rapide du fond vers le devant du tableau. Et, là où le jet du Roi portait sur la Reine, ici, le flux cinétique s'interpose entre les deux corps.

Cette fois, le modèle n'est plus tant, sauf pour les figures de la Reine et du Roi, les esquisses préparatoires du groupe, qui y perdent leur sexualité, mais *Deux personnages et une auto, l'étude* (1912), où l'avancée du voiture en mouvement (qui paraît pour cela plutôt un motocycliste faisant des acrobaties, la tête penchée sur la roue de devant instable, et pour cela vue double, de son engin), sur le devant de la scène sépare deux personnages, la femme étant ici à gauche pour le spectateur et l'homme à droite, ce qui inverse la structure du Roi et la Reine.

La figure de la voiture chez Duchamp renvoie à *Dynamisme d'un train* (1912)[312] et *Automobile in corsa. (Composition, Dynamisme d'une automobile)* (1912 - 1913)[313], les deux de Luigi Russolo, et à *Velocità d'automobile (Velocità n. 1)* (1913)[314] de Giacomo Balla, origine d'une vaste série de déclinaisons sur le même thème par l'artiste[315]; semblant, la structure de l'automobile de Duchamp être la version verticale de l'*Automobile in corsa* de Russolo.

Deux personnages et une auto, l'étude:

"... *fait allusion au voyage Jura Paris effectué en 1912, en automobile, en compagnie d'Apollinaire, de Picabia et de Gabrielle Buffet-Picabia (la femme de Picabia dont Duchamp est follement amoureux...), souvenir fort pour Duchamp qu'il retranscrit dans ce dessin en plaçant l'auto obliquement entre un personnage féminin à gauche et un personnage masculin à droite.*"[316]

Voyage qui est aussi évoqué dans la *Boîte Verte*:

"*1912*
La machine à 5 cœurs, l'enfant pur, de nickel et de platine, doivent dominer la route Jura-Paris.
D'un coté, le chef des 5 nus sera en avant des 4 autres nus vers cette route Jura-Paris.
De l'autre coté, l'enfant phare sera l'instrument vainqueur de cette route Jura-Paris
Cett Cet enfant phare pourra, graphiquement, être une comète, qui aurait sa queue en avant, cette queue étant appendice de l'enfant-phare qui appendice qui absorbe en l'émiettant (poussière d'or, graphiquement) cette route Jura-Paris.
Cette La route Jura-Paris, devant être infinie seulement humainement, ne perdra rien de son caractère d'infinité en trouvant un terme d'un côté dans le chef des 5 nus, de l'autre dans l'enfant-phare.

Le terme "indéfini,, me semble plus juste qu'infini. elle aura un commencement dans le chef des 5 nus, et n'aura pas de fin dans l'enfant-phare.
Graphiquement, cette route sera peu à peu tendra vers la ligne pure géométrique sans épaisseur (rencontre de 2 plans me semble le seul moyen pictural d'arriver à une pureté)
Mais à son commencement (en le chef des 5 nus) elle sera très finie en largeur, épaisseur etc, pour petit à petit, en se rapprochant de cette droite idéale qui trouve son trou vers l'infini dans l'enfant phare. devenir sans forme topographique
La matière picturale de cette route Jura-Paris sera le bois qui m'apparaît comme la traduction affective du silex effrité. Peut être, chercher s'il est nécessaire de choisir une essence de bois. (Le sapin, en ou alors l'acajou vernis)."[317]

Or, de cet enfant-phare, Duchamp ajoute, dans les notes de la *Boîte Verte* (où le mot "*ennemi*" rayé précède celui de "*partner*"):

"La mariée mise à nu par ses célibataires même pour donner au tableau l'aspect de continuité et non pas donner prise à l'objection d'avoir fait seulement l'exposé d'une bataille de poupées sociales. La mariée possède son partner et les célibataires mettent à nu leur mariée.

98. Première décomposition. Mariée.
1. Mise à nu. (rayé)
2. Cylindres seins.
3. Boîte d'horlogerie.
4. Cylindres sexe
5. Point de puissance-timide
6. Arbre type ou hampe-modèle
7. Réservoir. à essence d'amour
8. Magnéto-désir
9. Épanouissements. (vertical de la Boîte d'horlogerie horizontal des rameaux de l'arbre type -
Intermédiaire
1 Mise à nu
2 Isolateur en verre transparent
Décomposition; Machine célibataire -
1 Chariot. (supportant les piliers. Tampon.
1 bis force motrice du chariot. (en arrière plan)
2 Broyeuse de chocolat.
3 Tubes de concentration érotique (admission du gaz d'éclairage: principe du liquide érotique. Soufflet
4 Dynamo désir - chambre d'explosion Centres de désir Sources de la mise à nu
5 - Colonne horizontale

99. Principe de pesanteur. (dans la mariée mise à nu par ses célibataires.)
Principe de pesanteur. soumettant le tableau au contrôle des «élastiques» partant du centre de la terre chaque matière est de densité, de forme telles que l'objet qui la limite est sollicité par la gravité pour étendre ses dimensions en une surface sans épaisseur. et même à diminuer cette surface jusqu'au point qui l'appelle. (entonnoir)
(La guêpe seulement utilise l'ascenseur de la pesanteur à volonté.
autre titre définitif: La mariée mise à nu par ses célibataires même (machine agricole)
Le principe de la pesanteur sur lequel est établi le tableau est le seul Pont-du-Bon-Sens, le seul contrôle humain sur chacune des parties du tableau

104. les groupes ou les familles. (bouteilles de marques, uniformes et livrées etc.) leur rôle dans le tableau - noter l'action astringente dans la mariée. noeud gordien (pour la chute de poids.) métal noir de la boule. le mot Paquet (à employer) le mot flacon le mot barre au lieu d'axe Le mot appareil au lieu de machine aussi le mot biais, biaise. aussi le mot «domaine» dans le sens figuré de quantité d'espace plan limité - Chercher un autre mot que matière, métal, substance, pour le texte. (se servir de mat. organique pour certaines parties) guêpe.) Le mot corps pax. (ou corps matériel (?)) La grue - transport fixe - ou trait d'union mobile. Rechercher (dans le Style) des «mots premiers» (divisibles seulement par eux mêmes et par l'unité)
Titre Titre définitif: La mariée mise à nu par ses célibataires même pour donner au tableau l'aspect de continuité et ne pas donner prise à l'objection d'avoir fait seulement l'exposé d'une bataille de poupées sociales. = La mariée possède son partner et les célibataires mettent à nu leur mariée. En sous-titre: (machine agricole) ou «appareil agricole extra muros»
Principe de pesanteur. soumettant le tableau au contrôle des élastiques partant du centre de la terre: chaque [matière] est de densité, de forme telles que l'objet qui La limite est sollicité par le centre de gravité pour étendre ses dimensions en une surface sans épaisseur et même à diminuer cette surface jusqu'au point qui l'appelle (entonnoir)
(La guêpe seule utilise l'ascenseur de la pesanteur à volonté) Le principe de pesanteur sur lequel repose tout le tableau est le seul Pont du Bon-Sens, le seul contrôle humain sur chacune des parties du tableau; ce principe de pesanteur trouve son expression graphique dans le moyen linéaire employé: la perspective ordinaire. (à la portée de toutes les intelligences)
Le tableau en général. n'est qu'une suite de variations sur «la loi de la pesanteur» une sorte d'élargissement, de relâchement de cette loi, en lui soumettant [aperçus des effets de la loi sur] des situations extraphysiques et des corps moins ou pas conditionnés chimiquement

109. Traduction picturale - Les 5 nus, dont le chef, devront perdre, dans le tableau, le caractère de multiplicité. Ils doivent être une machine à 5 coeurs, une machine immobile à 5 coeurs Le chef, dans cette machine, pourra être indiqué au centre ou au sommet, sans paraître autre chose qu'un rouage plus important (graphiquement):
Cette machine à 5 coeurs devra enfanter le phare. Ce phare sera l'enfant-Dieu, rappelant assez le Jésus des primitifs. Il sera l'épanouissement divin de cette machine-mère.

Comme forme graphique, je le vois machine pure par rapport à la machine-mère, plus humaine. Il devra rayonner de gloire. Et les moyens graphiques pour obtenir cet enfant-machine, trouveront leur expression dans l'emploi des plus purs métaux servant à la construction basée (en tant que construction) sur l'idée qui se dégage d'une vis sans fin. (accessoires de cette vis sans fin, servant à unir ce phare enfant Dieu, à sa mère-machine. 5 nus.

110. Le chef des 5 nus obtient peu à peu l'annexion de la route Jura-Paris

111. Le chef des 5 nus annexe à ses états, une lutte (idée de colonie)
Titre. Le chef des 5 nus étend peu à peu son pouvoir sur la route Jura-Paris.
Il y a un peu équivoque: Ce chef semble, après avoir conquis les 5 nus, agrandir ses possessions, ce qui donne un sens faux au titre. (Les 5 nus et lui forment tribu à la conquête par la vitesse de cette route Jura-Paris)
Le chef des 5 nus peu à peu augmente son pouvoir sur la route Jura-Paris.
La route Jura-Paris, d'un côté, les 5 nus dont le chef, d'un autre côté, sont les deux termes de la collision. Cette collision est la raison d'être du tableau. Peindre 5 nus statiquement, me semble sans intérêt, pas plus d'ailleurs que de peindre la route Jura-Paris même en élevant l'interprétation picturale de cette entité à un état tout à fait dénué d'impressionnisme. Donc l'intérêt du tableau résulte de la collision de ces 2 extrêmes, les 5 nus dont le chef et la route Jura-Paris.
Le résultat de cette bataille sera la victoire peu à peu obtenue par les 5 nus sur la route Jura-Paris. -"[318]

Ces notes, si l'on en retire deux éléments:

1. La séquence "*Cylindres seins./ Boîte d'horlogerie./ Cylindres sexe*";
2. "*les groupes ou les familles. (bouteilles de marques, uniformes et livrées etc.) leur rôle dans le tableau - noter l'action astringente dans la mariée. noeud gordien (pour la chute de poids.) métal noir de la boule.*";
3. "*Le principe de pesanteur sur lequel repose tout le tableau est le seul Pont du Bon-Sens, le seul contrôle humain sur chacune des parties du tableau; ce principe de pesanteur trouve son expression graphique dans le moyen linéaire employé: la perspective ordinaire. (à la portée de toutes les intelligences)*";
4. "*Cette machine à 5 coeurs devra enfanter le phare. Ce phare sera l'enfant-Dieu, rappelant assez le Jésus des primitifs. Il sera l'épanouissement divin de cette machine-*

mère./ Comme forme graphique, je le vois machine pure par rapport à la machine-mère, plus humaine. Il devra rayonner de gloire. Et les moyens graphiques pour obtenir cet enfant-machine, trouveront leur expression dans l'emploi des plus purs métaux servant à la construction basée (en tant que construction) sur l'idée qui se dégage d'une vis sans fin. (accessoires de cette vis sans fin, servant à unir ce phare enfant Dieu, à sa mère-machine. 5 nus./ Le chef des 5 nus obtient peu à peu l'annexion de la route Jura-Paris/ Le chef des 5 nus annexe à ses états, une lutte (idée de colonie)/ Titre. Le chef des 5 nus étend peu à peu son pouvoir sur la route Jura-Paris./ Il y a un peu équivoque: Ce chef semble, après avoir conquis les 5 nus, agrandir ses possessions, ce qui donne un sens faux au titre. (Les 5 nus et lui forment tribu à la conquête par la vitesse de cette route Jura-Paris)";

Nous obtenons, de nouveau, l'idée d'une division de l'oeuvre en deux espaces (seins-sexe, le huit de la sculpture d'Ernst et de la *Passivité courtoise* de Victor Brauner), que l'oeuvre toute entière ("*tout le tableau*") tourne autour de la question de la pesanteur, laquelle s'exprime par la procréation de l'enfant-phare ou Dieu (dont ailleurs nous verrons, comme le pense aussi Suquet à propos du Manier, qu'il s'agit du pénis), dans un parcours Paris (Nord)-Jura (Sud) qui, en outre de renvoyer au vaudeville (nous pensons, en particulier au *Voyage de M. Perrichon*, 1860, d'Eugène Labiche, même si le personnage et sa famille arrivent à Chamonix, dans le Mont-Blanc), nous renvoie, cartographiquement, en outre d'être, le Jura, un point élevé, à ce principe de pesanteur.

La couleur noire de la boule, comme l'indication de la note sur la Broyeuse de chocolat, liée à l'idée que le "*célibataire broie son chocolat lui-même*", du changement de couleur, après cette opération:

"«Le célibataire broie son chocolat lui même» (formule à inscrire en forme de réclame à la page de texte décrivant la broyeuse - faire exécuter comme un «papillon» d'imprimerie papier glacé couleurs: bleu, rouge - etc)
3 meules
Le chocolat des rouleaux devient après broyage
Chocolat au lait: Passage coloré du brun plus foncé à un brun gris assez clair."[319]

Nous confirment quant à la dialectique anale du *Grand Verre*.

Comme *Deux personnages et une auto, l'étude*, l'adamique *Jeune homme et jeune fille au printemps* et l'*Étude pour les joueurs d'échec* (les deux oeuvres de 1911) divisent l'espace des sexes verticalement, ce que fait horizontalement *Le Grand Verre*.

Divers auteurs[320], dont Linda Dalrymple Henderson (1997)[321], montrent la présence de symboles électromagnétiques dans *Le Roi et la Reine traversés par des nus en vitesse*: le cercle transpercé par la flèche de direction conventionnelle de rotation d'un axe et de prédiction de direction d'un champ électrique[322] ("*Corkscrew Rule*", d'après Silvanus P. Thompson, *Leçons élémentaires d'électricité et de magnétisme*, Paris, 1898, Fig. 108)[323];

"If "electric" flames and sparks served as models for Duchamp's iconography of electricity in the final painting of The King and Queen Surrounded by Swift Nudes, he had already included another, more literal scientific sign for electricity in his drawing The King and Queen Traversed by Swift Nudes.
Here the flamelike stream of electrons is surrounded by a succession of circles suggesting the magnetic field that is generated around a wire carrying a current. Images such as figure 10, which illustrate the "Corkscrew Rule" or "Right-Hand Rule," were (and are) a standard element of any discussion of the reciprocal relation between electric current and magnetism. Thus, whether the straight arrow represents current flow and the circle the direction of magnetic force around it (as it would seem in fig.6), or the arrow represents a metal rod with a wire spiraling around it in the direction indicated by the circle, "the direction of the current and that of the resulting magnetic force are related to one another, as are the rotation and the forward travel of an

ordinary (right-handed) corkscrew" (Thompson, lesson 16). Similar circular or spiraling imagery would continue to serve Duchamp in several subsequent works as an indicator of the presence of electricity or electromagnetism."[324]

Et dans *Tu m'*: la Règle de la main droite[325], celle du du tire-bouchon de Maxwell[326] et le Conducteur filiforme circulaire de rayon R[327], finalement les solénoïdes[328], ce qui induit à penser que "*les "anneaux" à travers lesquels passent les "fluides" selon des principes de physique électrique*"[329].

D'autre part, l'oeuvre révèle, dans la position du lieu qui lui est destiné, une structure tripartite:

"*Cette structure tripartite centrée n'apparait pas avec évidence car son format très allongé porte à lire le tableau plutôt comme une frise.*
Pourtant, si on replace l'oeuvre dans le lieu pour lequel elle a été conçue, la logique de sa construction saute aux yeux.
Le losange jaune tombe (presque) exactement au centre de la pièce et les obliques de ses côtés correspondent aux obliques des poutres au plafond. Les trois parties du tableau correspondent aux trois parties de la bibliothèque.
L'intégration d'une peinture dans un espace domestique n'était guère dans les préoccupations de Duchamp, mais bien dans celles de Katherine Dreier, commanditrice de l'oeuvre. On peut imaginer qu'elle ait donné au peintre quelques consignes dans ce sens.
Dans cette optique, on peut se demander si les bandes colorées verticales n'a pas été inspirée par la succession des livres de la bibliothèque."[330]

Structure à laquelle il faut encore ajouter les deux séquences colorimétriques, celles des losanges, d'une part, et celle des bandes planes, de l'autre, qui semblent se faire écho, en ordre inverse[331].

"*Observons encore une fois Tu m': si l'on se place dans l'axe du tableau, à gauche s'étirent les ombres portées des "ready made", à droite les arêtes "flottantes" du parallélépipède; au centre, le goupillon, en tant qu'objet réel, se réduit à un point puisqu'il perce la toile à la normale de son plan. Que l'on se place maintenant non plus dans l'axe mais latéralement: les ombres des ready made et la figure du parallélépipède se redressent; en même temps, le goupillon tend à se dégager de la toile. Si l'on se place enfin dans le plan même de la toile, celle-ci finit par se réduire à n'être plus qu'une ligne; inversement, le goupillon surgit dans toute son incongruité d'objet perçant la toile. Et bien sûr il est là au même titre que la fameuse tête de mort dans Les Ambassadeurs de Holbein. Pour dénoncer la vanité de la peinture. Mais cette fois de toute peinture.*"[332]

Si nous nous positionnons selon le premier axe évoqué, dans la citation antérieure, par Jean Clair (2000), on découvre une correspondance exacte entre: le goupillon et le tire-bouchon; ce qui devient une pile de losanges de couleur, et leur équivalentes bandes planes, comme s'il s'agissait d'un miroir en perspective, conformément aux indications optiques duchampiennes d'après Léonard pour *Le Petit Verre*; les fils d'en bas à droite, qui semblent alors être la reproduction des formes pleines de gauche, la main semblant s'évaser et les indiquer comme pour les chatouiller; alors que l'ombre du porte-chapeaux, s'anamorphosant, semble marquer, à gros traits, la silhouette lisant d'une figure féminine rose (à lunettes?) - dont les bras du porte-chapeaux deviennent le pourtour -.

Confirmant le symbolisme phallique de l'enfant-phare, et du Manieur selon Suquet, la note *Ce qui s'appuie sur des roulettes est moins lourd*[333] présente une sorte de perspective des "*ciseaux qui s'appuient sur les roulettes de la glissière*", à forme de point surmonté par un bâton.

Le montage photographique sans titre[334] montre comment les différents éléments ici mentionnés (le porte-chapeaux, le faux vêtement en bonnets découpés de *Sculpture de voyage,* à côte de la roue de *Tu m'*, agissent comme toile d'araignée, en devenant, tout à la fois, trompe de la Voie Lactée du *Grand Verre*.

L'identité goupillon-tire-bouche dans *Tu m'* précise, et renvoie à, celle entre le Manieur, la Guêpe, et le pied de la Broyeuse dans *Le Grand Verre*.

À présent, *Prostitution Universelle* (1916-1917)[335] de Picabia offre une forme, nommée "*Sexe féminin idéologique*", sous laquelle apparaît celle, plus reconnaissable, d'un "*Sac à main*" légendée, dont la structure indéterminée, parallèle, et seulement reliée par un fil à un organe à aiguille (masculin, donc) qui, pourtant, ne la pénètre jamais (similairement aux indications de Duchamp pour *Le Grand Verre* dans la *Boîte Verte*), rappelle, évidemment, la forme du haut du *Grand Verre*.

Similairement, *Prenez garde... à la peinture* offre l'image d'un appareil quadrangulaire dont les poulies font marcher une chaîne, et qui, par une "*Force indépendante*", qui est un fin fil, semble gonfler un ballon nommé "*Domino céleste*" par une queue sur laquelle on lit: "*Dieu brouillon*" (c'est l'équivalent du *God* de Von Freytag-Loringhoven et Schamberg). On comprend bien, par les légendes de certaines poulies ("*lyrisme*") et le titre que Picabia joue ici de l'ambiguïté entre l'histoire de l'art et la sexualité, et que, semblant parler de la seconde, il réfère à la première, mais il n'en reste pas moins, pour nous, que, par rapport aux notes de la *Boîte Verte*, l'on retrouve là le ballon, que Duchamp voulait utiliser dans *Le Grand Verre*, l'idée de l'inexpérience ("*brouillon*") de l'appareil mâle, et les fils infimes qui relient les deux parties, mâle (le Dieu) et femelle (le ballon) pour ainsi dire. En outre, bien qu'inversée, la forme pyramidale orange, pointant vers le bas et qui semble donner le mouvement giratoire impulsant la machine ici rappelle celle d'une des parties motrices: la *Guêpe*[336], jamais réalisées, des croquis pour *Le Grand Verre. Ici, c'est ici Stieglitz* (de l'année antérieure, 1915[337]), avec son inscription en haut "*Idéal*", celle du côté "*Foi et Amour*" et les deux structures, l'une poussant l'autre, qui rappelle les "*Cantharides*", travaille, en ce sens, selon les mêmes relations d'association que *Prenez garde... à la peinture*.

C'est encore le corps féminin, décomposé en cercles, que représente Picabia dans *Lampe* (1923)[338], dont le titre ne peut que nous renvoyer au *Bec Auer* de Duchamp, en même temps que la structure de cercles superposés verticalement rappelle le *Portrait de Tristan Tzara*, et le rectangle noir terminant par deux boules à côté de la figure féminine rappelle les ciseaux: "*Agrafe tombant du haut de l'appareil célibataire*"[339] des notes de la *Boîte Verte* et leur évidente forme de phallus avec ses testicules (confirmée par la photographie, probablement du système de bouteilles de l'Agrafe surmontant deux roues de bicyclette, prise par Denise Bellon pour "*Le Soigneur de Gravité*" de Duchamp et Roberto Matta à l'Exposition Internationale du Surréalisme de Juillet 1947 à la galerie Maeght de Paris[340]), et la configuration générale du *Grand Verre*, avec son *Manieur*.

Picabia interprète dans un sens d'organigramme théorique de flux de travail où chaque élément est hiérarchisé dans le groupe et aboutit à la revue *391* dans *Mouvement Dada* (1919[341] - qui fait, pour nous, nous l'avons dit, écho au *Portrait de Tristan Tzara* -), avec sa roue-poulie-horloge, sa colonne noire, son mécanisme de transmission (la revue) et son nom social connecté à cet ensemble par un ressort.

Ce qui nous permet de voir combien cette énumération formelle et ses combinaisons sont propres, plus que de Duchamp, qui ne les usera que dans *Le Grand Verre*, de Picabia.

On les retrouve ainsi encore chez Picabia dans *Pensées sans langage*[342] (idée qui correspond sans doute à celle de Vertov de *tabula rasa* référentielle, et d'art en acte), autour de la question langagière, comme dans le *Portrait de Tristan Tzara* ou *Poèmes et dessins de la Fille née sans mère*, même si Duchamp, aussi bien dans les notes de la *Boîte Verte* que dans ses entrevues, veut également laisser entendre qu'il avait conçu, avant tout, la fiancée du *Grand Verre* d'un point de vue verbal[343].

Plus intéressant encore, on retrouve l'exacte structure, telle que la décrit Duchamp dans les notes de la *Boîte Verte* (formes géométriques simples des prétendants, qu'il considèrent comme "*faibles*", "*débiles*", *vs.* celles plus souples, et complexes, de la fiancée), dans la couverture (où le cercle noir, entouré par une ligne de circonvolution, est perché au-dessus du carré, dont il est séparé par une ligne [telles les deux parties du *Grand Verre*]) du *Bauhausbücher* de Kandinsky *Punkt und Linie zu Fläche* (*Du Point et la Ligne au Plan*, 1926)[344], et, la même année (1926) dans le *Diagramme pour la "Danse Gestuelle"* d'Oskar Schlemmer[345], là où, donc, bien que génial chez Duchamp, l'intérêt reste momentané, nous découvrant une préoccupation permanente de l'époque, et de ses artistes pour la représentation de mouvement à travers des diagrammes d'activité.

Or, encore, dès 1914[346], on trouve dans le calligrame "*La Mandoline, l'Oeillet et le Bambou*" de la série *Étendards* (1914-1915)[347] de Guillaume Apollinaire[348], où, surgissant comme métaphores des odeurs (à similitude de l'anagogique *Portrait de Tristan Tzara*), apparaissent le cercle, le bâton (deux objets du *Grand Verre*, le second comme piston d'union) et la fleur, dans un hymne à la Femme (figure centrale du *Grand Verre*), elle-même allégorie de ce processus.

Dans le *Portrait de la REINE du PÉROU*[349] (illustration d'ouverture par Georges Ribemont-Dessaignes de *Jésus-Christ rastaquouère*, 1920, de Picabia), sur lequel nous reviendrons, sorte de structure mobile instable sur un pied et une poulie de forme irrégulière - qui rappelle les hésitations de Duchamp autour du *Manieur* dans ses notes de la *Boîte Verte* et le nombre de ses pieds -, Picabia indique, pour le poids à droite pour le spectateur, "*serviette des pouvoirs mensuels*". Ce qui nous semble assez explicite encore, pour nous réintroduire dans le même cadre, ici non anal, mais menstruel.

"*La cuisse*", qui termine *Poèmes et dessins de la Fille née sans mère*, reproduit, une fois encore, nous l'avons dit en son moment, l'organisation générale du *Grand Verre*, notamment de la figure, à gauche pour le spectateur, de la partie haute, puisqu'explicitement Picabia parle d'"*éventail des caresses*", au bout duquel on trouve le double cercle minuscule que nous avons identifié à un clitoris, le tout fonctionnant par une manivelle qui semble faire pression sur ou vers ce que nous avons décrit alors comme un sein, et l'ensemble tombant, par une barre unique dans le trou des "*Toilette*(s)". de nouveau, nous retrouvons, comme dans les oeuvres précédemment mentionnées dans cette section, la description corporelle d'un ensemble, commençant ou terminant par la partie anale et ses attributs; deux valeurs récurrentes de ce *corpus*.

Ajoutons-y l'image du sein, si l'on accepte notre lecture.

Or Duchamp, également, nous propose un sein dissocié de tout, texturisé pour être touché, comme *Le Grand Verre*: *Prière de toucher* (1947)[350]. Ce sein en lévitation prenant l'allure d'une innocente sonnette, nous rappelle, encore une fois, que la mariée du *Grand Verre* est une Voie Lactée, dont nous avons vu le symbolisme mammaire dans la poésie surréaliste.

Il ne faut pas avoir beaucoup d'imagination pour identifier la reproduction du système et du thème, non plus seulement entre *Étant donnés...* et *Le Grand Verre*, puisque cette dérivation apparaît, en outre, explicitement dans les notes de la *Boîte Verte*, mais aussi, visuellement plus directement, entre *Le Grand Verre* et *Ciel de roussettes (1200 sacs de charbon suspendus au plafond au-dessus d'un poêle)*[351].

Similairement encore, Picabia, dans la couverture du No 7 de la revue *DADAphone* (Mars 1920)[352] présente un ressort (qui sera repris dans *Bobinage*, 1921-1922[353]), tel qu'en imagine un dans ses notes de la *Boîte Verte* Duchamp pour *Le Grand Verre* afin d'activer ses divers éléments et le saut des prétendants vers la fiancée, et tel qu'on en trouve sortant du volant de Man Ray en 1932, et encore, aussi, dans le ressort-"*Sperme*" d'"*Hermaphrodisme*" des *Poèmes et dessins de la Fille née sans mère.*

Or les légendes de ce ressort en sont fort révélatrices pour notre propos, puisqu'entre sa spirale, on peut lire: "*Rafistoler son lit*" (il s'agirait donc d'un ressort de sommier, mais), "*Les mains dans la crotte canonique*" (on la retrouve bien, encore sous le prétexte du discours sur l'art "*canonique*", similairement à ce que nous avons vu pour *Prenez garde... à la peinture,* dont le titre en disait tout autour de ce combat dadaïste), et encore au pied dudit ressort: "*Le pont-levis de la dame*", laquelle termine en exclamation au bout pointu du ressort, comme la mariée du *Grand Verre*, selon les notes de la *Boîte Verte* en épanouissement.

Revenant à Boccioni, qui est, sans aucun doute possible, on l'a vu, une influence chez Duchamp, *Testa + casa + luce* (1912, sculpture détruite)[354], on trouve, la représentation d'une femme gigantesque (reconnaissable à ses seins abondants) dont la tête est une maison, dont les fenêtres montrent un découpage comme la forme du haut du *Grand Verre*.

Or c'est peut-être postérieurement, dans les *Femmes Maisons* (1946-1947) de Louise Bourgeois[355], notamment celle tombant et celle dont les cheveux noirs l'entourent en grandes vagues, alors que son visage reste caché par la grille de l'immeuble aux multiples fenêtres qui compose son corps, que l'on trouverait la confirmation de notre développement général au sujet du sens du *Grand Verre*. On note encore, comme le montre le dessin de la *Femme Maison* dont l'anus est pénétré par un arbre (?) que, comme chez Horn, et logiquement par rapport aux artistes masculins ici référencés, ce type de représentations révèlent une critique à la soumission sociale de la femme.

Faisant jeu avec *Le Bec Auer*, *Morceaux Choisis d'après Courbet* (1968) d'après la *Femme Aux Bas Blancs* (1861) de Courbet[356], permet de voir comment la figure féminine en suspension, aussi bien dans *Le Bec Auer* que dans *Étant donnés*, avec ses jambes amplement écartées (voir l'*Étude* de 1949 pour *Étant donnés...*[357]), est le modèle pour la *Vierge* de la *Boîte Verte*, dont les bras, rejetés en arrière (à gauche en haut pour le spectateur) et les jambes nues (qui sont le tuyau coupé au milieu à gauche pour le spectateur de l'image et sa continuation en V vers la droite de l'image) divisent le cadre, *Vierge* dont la tête semble être devenue une sorte de cadran solaire, et dont le corps repose sur une structure mal définie, également en V, rame de la Fortune et piston tout à la fois, semble-t'il, mais en tous cas qui sert à ouvrir son sexe en le faisant béer, comme une grande raie noire, devant nous.

Similairement, alors que *Passivité courtoise* (1935) de Brauner reproduit, en en augmentant le nombre, les prétendants selon la forme que leur a donné Duchamp dans *Le Grand Verre,* comme l'a parfaitement noté Christian-R. Velescu (2005)[358] - attention cependant au fait que Brauner semble ajouter, aussi bien dans les vêtements vides qu'entre les personnages, pour certains, notamment ceux au niveau du sol, représentés géométriquement, comme les vêtements inspirés de Duchamp, le double rond (de nouveau, donc) au niveau du torse semble les définir comme des éléments féminins (constatation ainsi également valable pour le mannequin, ou perche, du centre, le plus grand, ayant un corset de couleur chair) -, nous y retrouvons, autour d'un volcan (celui du désir et des passions, si l'on suit les notes, notamment sur l'utilisation du gaz pour la production des paillettes des prétendants, de la *Boîte Verte* de Duchamp pour son oeuvre, mais aussi selon le sens commun), le huit comme toboggan sur lequel glisse, de fait, une femme nue (alors qu'en haut de ce qui semble être l'anneau, la partie basse dudit huit ressemblant à la jarretière, anneau où, venons-nous de dire, glisse une femme, un homme se suspend).

Le même Brauner nous propose, dans *Le ver luisant* (1933)[359], ce personnage (à la forme et au nom à connotations phalliques, l'association lumineuse [bougie/soleil] à la masculinité se retrouvant, on l'a dit, chez Magritte, entre autres) qui aspire dans sa lumière le corps, qui s'y décompose, d'une femme; alors que dans *Le Surréaliste* (Juin 1947[360]), il oppose deux figures: celle, inspirée de l'Arcane 1 du Bateleur, d'un jeune homme, l'artiste, dont, là encore, les amples ailes du couvre-chef contiennent le signe de l'infini, personnage alchimique, donc, semblant déjeuner sur une table formée par le corps d'un second personnage, sorte de chat-libellule bleu dont l'antenne se terminant en fleur est dangereusement proche d'un feu, dont on ne saurait dire s'il la nourrit ou va la brûler. Cette ambivalence, comme l'anatomie de ce second personnage rappellent, respectivement, les notes de la *Boîte Verte* (publiées, rappelons-le dans ce cadre, en 1934[361]), et, dans celles-ci, l'"*insecte*" (tel qu'il y est nommé) de la partie gauche en haut du *Grand Verre*, avec sa trompe.

On notera que *Le Surréaliste* inverse l'ordre des personnages du *Fichier 5124*[362], où, sur le corps féminin endormi sur son miroir (reprise de la traditionnelle iconographie basse médiévale de l'Orgueil), une seconde tête, entre deux bougies, soutient le buste d'un homme aux yeux également fermés, et dont pend, en l'air, le sexe, à gauche pour le spectateur.

C'est encore *La vie intérieure* (1939)[363], où une femme à double tête tient de la main son propre squelette (nous renvoyant, de nouveau, à l'iconographie macabre[364]), les objets, comme vanités de ce monde, étant attrapés sous leur commun voile transparent de mariée mais en forme de toile d'araignée (ce qui, de nouveau, nous renvoie à l'insistance de la *Boîte Verte* sur les filaments tirés par la fiancée).

Faudra-t'il encore, pour se convaincre de l'analité du *Grand Verre*, à similitude d'un grand nombre des oeuvres d'avant-garde des artistes de l'époque du groupe intellectuel de Duchamp, rappeler qu'identiquement à la figure féminine volante, bridée, et excitée par les mouvements du phallus (ou, du moins, ainsi Suquet le conçoit-il) qu'est le *Manieur de gravité*, du *Grand Verre*, *Tu m'* (1918)[365] porte, dans la fente qu'y a faite l'artiste, entre toutes les couleurs (similaires, donc, à celles pensées, à peu près de l'arc-en-ciel, pour les célibataires du *Grand Verre* selon les notes de la *Boîte Verte*), une mouvante, et instable, petite brosse (rappelant, d'autre part, le mobile pour *Gratter le ciel* de Tatlin).

Or, à similitude des indications, déjà citées, d'*Un rayon de lumière (soleil)...*[366], lesquelles nous font entrer dans la représentation de la *Vierge* de la *Boîte Verte* avec les jambes écartées telle que nous l'avons interprétée:

"*Marcel Duchamp conçoit l'affiche du Championnat National de France d'Echecs. Mais il ne peut pas s'abstenir de cacher ici aussi ses désirs érotiques.*
Choisir le sommet du pion du roi comme motif principal n'est pas un hasard. C'est un gland. Mais nous devons aussi voir la forme visible comme un espace intérieur vide (comme dans «Sacré Cœur»). Donc: l'espace qui se trouve entre deux jambes accroupies, dont sortent de gros pets en blocs. La composition des blocs est tellement exagérée, de manière à trahir, qu'ils nous obligent à jouer un jeu Duchampien.

Et OUI: voilà le profil masculin qui souffle/aspire sur un vagin."[367]

Ainsi, d'ailleurs:

"*Dans l'étude Le Gaz d'éclairage et la chute d'eau [MD 531, cuir peint sur relief en plâtre, monté sur velours, 50 x 31 cm, 1948-1949], le matériel utilisé pour le vêtement de la mariée apparaît également comme déterminé puisque l'artiste se sert ici de cuir (de la peau de vache) collé sur du plâtre. Schwarz rapporte qu'alors que l'existence d'Étant Donnés n'était pas encore rendue publique, Duchamp lui avait confié que la figure dans cette œuvre était la Mariée du Grand Verre «finalement dévêtue et traitée en trompe l'œil». Il est intéressant de noter que la figure semble ici aussi sortir d'un trou opéré dans le velours. Notons également la similitude entre le traitement de la figure et celui de la photographie de Man Ray, Primat de la matière sur la pensée, prise en 1929.*"[368]

Primat de la matière sur la pensée, évidemment, d'énorme similitude, par la surexposition du modèle, avec la forme de la Voie Lactée du *Grand Verre*, mais aussi, par la position du corps, avec celle du modèle de corps, déjà cité, pour *Étant Donnés: 1 ° la chute d'eau, 2 ° le gaz d'éclairage* (1948-1949, New York, cuir peint sur relief en plâtre)[369].

En ce sens, si, d'une part, l'on retrouve bien les deux boules (cercles, également, du *Ready-made malheureux,* 1919[370], dont l'explication, en fonction, nous allons y revenir dans le présent paragraphe, des travaux optiques, de Léonard, se trouve dans les notes de Duchamp *Expérience primaire de 2 cercles*[371] et la *Note autographe pour "Le grand verre": Notion physique de la courbure...*[372] [cette dernière reprise, dans la courte note [représentant, comme *Le Petit Verre,* des cercles sur les angles d'un triangle, et dont nous citons à continuation le texte intégral:] "*Loupe / C et D ciseaux qui s'écartent, A et B ne se voient plus à travers la loupe - Donc... conséquences ad libitum*"[373], et, dans le cas de la succession d'images cinématographiques, changeant ainsi la question optique à une autre, de séquence, dont nous ne sommes pas convaincu que cela est la même chose, de groupes d'images de différentes tailles, dans la note *Movie/ Avoir la même picture à de différentes dimensions*[374]]) dans *King and Queen* (1968)[375], symbolisant ici, respectivement, comme le titre l'indique, les deux figures maîtresses des échecs (reprise, dans l'oeuvre de Duchamp du thème du *Roi et la Reine entourés de Nus vites* de 1912[376]), autour d'une chute de cubes, de l'autre, si l'on veut prendre au sens strict l'indication du début de la *Boîte Verte*[377] "*pour* (que *Le Grand Verre* soit) *un tableau hilarant*", nécessitant la mise sous verre de la mariée[378] (donc sa bidimensionnalisation, puisque, rappelons-le, *Le Grand Verre*, si l'on suit les notes de la *Boîte Verte*, est, en réalité, une sorte d'organigramme pour une installation mécanique tridimensionnelle, incluant des ballons gonflables, une structure sur rails - la *Machine-célibataires* -, des tuyaux pour le passage du gaz et sa transformation en paillettes de couleurs dans et/ou sous une forme liquide), la note de mise en place des "*trois chutes*"[379] ("*celle du centre,/ le mobile éclaboussure/ le gaz devenu liquide*"[380]), dans l'illustration que Duchamp en donne (et qui pourrait bien, au fait, révéler le sens du *Petit Verre* en tant que gnomon "*À regarder (l'autre* [ou de "*l'autre*"?] *côté du verre)*" selon un processus de re-focalisation et de remise au niveau de l'espace-plan pictural - lien avant-garde/tradition-peinture [*Le Grand Verre* bidimensionnel]/installation [son projet jamais réalisé] - inspiré des travaux optiques de Léonard de Vinci[381], nous l'avons cité), présente, dans son illustration formelle du mouvement général de cette machine à gaz (on notera, encore, le sens du concept), une illustration très proche de celles imaginées par l'artiste plastique Gorik Lindemans[382] pour expliquer l'organisation de l'affiche[383] réalisée par Duchamp pour le Championnat de France de 1925[384] (laquelle, dans la chute des cubes, reprend l'iconographie des planches de Claude Bragdon dans *A Primer of Higher Space*, 1913[385], sur les "*Projections faites par un cube lorsqu'il traverse l'espace*"), et qui, pour peu, n'est pas éloignée, non plus, de *La Prière* de Man Ray, et de son pendant, par Duchamp, de l'également (nous voulons dire, à l'instar du *Grand Verre*, donc[386] -) spectral (pour le titre), *Réflection à main*.

Dit plus clairement, il nous semble y reconnaître la ligne schématisé d'un derrière, divisé entre l'énorme boule noire de l'anus, en haut, et le clitoris en bas. Encore une fois, cette organisation visuelle des formes circulaires se répondant dans l'espace, au-delà de ce qu'elles sont supposées représenter (Duchamp n'ouvre-t'il pas la *Boîte Verte* par cette considération:

"*Préface*

Étant donnés   *1° la chute d'eau,*
                        2° le gaz d'éclairage,
nous déterminons les conditions, du Repos instantané (ou apparence allégorique) d'une succession [d'un ensemble] de faits divers semblant se nécessiter l'un l'autre par des lois, ¤ pour isoler le sens de concordance entre eux" - le point de démarquage et le soulignement sont de Duchamp lui-même[387] -),

Nous rappelant celle, déjà citée, de *Suspension.*

On retrouve, chez Brauner, le concept d'association entre le huit, brisé comme en un double zéro dans *Passivité courtoise*, autour d'un volcan, réaffirmant, dans le champ de notre interprétation, le sens du huit comme, à la fois, vertical (torse-hanches, dans les sculptures d'Ernst) et horizontal (sexe-anus).

La contrepartie de la considération de l'oeuvre de Duchamp dans ses notables intertextualités (bien que son génie ait fait que, souvent, ses versions des préoccupations de ses contemporains soient devenues plus célèbres que celles de ceux-ci, cas concret d'*L.H.O.O.Q.*, la version de Picabia, plus conceptuelle, étant, paradoxalement, celle qui introduit, à la fois, la résurgence des "*O*", et, par conséquent, celle des thèses duchampienne, notamment de la *Note autographe pour "Le grand verre": Notion physique de la courbure...*[388], autour de l'inscription en séquence de la figure, vue comme une continuité, selon la position d'où elle est regardée) est celle de la considération, aussi bien de *Tu m'*, du propre aveu de l'artiste[389], que du *Grand Verre*[390], comme deux condensations et reprises des différentes expériences artistiques antérieures de Duchamp.

Tu m' présente, ainsi, par exemple, les innombrables couleurs qui nous renvoient, facilement, à leur "*Élevage*" pour *Le Grand Verre*.

On note que le *ready-made* de la *Roue de bicyclette* (1913)[391], derrière laquelle (préfigurant, pour nous, l'image paradigmatique de l'à peine postérieure série *The Prisoner*, 1967-1968[392], de Patrick McGoohan) se fait photographier par Marvin Lazarus en 1962[393] Duchamp comme "*prisonnier*" écrit-il en autographe, regardant l'ombre de ce *ready-made* dans *Tu m'*, réutilisé dans *Tu m'*, s'enfonçant sur le tabouret qui la soutient, rappelle fortement aussi bien *Fille née sans mère* de Picabia et la note *Baratte* de Duchamp.

On retrouve la forme de la Voie Lactée du *Grand Verre*, aussi bien très tôt, dans la forme rouge qui entoure *Yvonne (en kimono)* (1901) chez Duchamp[394], comme très tard, dans les illustrations[395] du *Poème de l'angle droit* (1947-1953[396], publié en 1955[397]) de Le Corbusier, notamment dans les illustrations des pages 35[398] et 36[399] (partie "*A4 Milieu*"[400]), pour illustrer l'origine serpentine du monde (retranscrit dans l'univers duchampien, le phallique s'accrochant à la femme, et dans la tradition la Terre-Mère/Luxure, les serpents sur ses seins):

"Entre bosses et dans fissures
glissant sur les durs et s'enfonçant
dans les mous le rampant le
vermiculant le sinuant le
reptant ont ébauché la
propulsion première."[401]

Précisément de cet univers originel féminin du début du texte, qui, s'il ne permet pas de le comprendre, puisqu'étant postérieur, au moins éclaire le sens du *Grand Verre*, dans cette référence néo-sumérienne évoquant assez clairement Tiamat (en A2):

"A1 MILIEU
Des hommes peuvent tenir
un tel propos
les bêtes aussi
et les plantes peut-être
Et sur cette terre seulement
qui est nôtre
Le soleil maître de nos vies
indifférent loin
Il est le visiteur - un seigneur -
Il entre chez nous.
Se couchant bonsoir dit-il
à ces moisissures (ô arbres)
à ces flaques qui sont partout
(ô mers) et à nos rides
altières (Alpes Andes et nos
Himalayas). Et les lampes
sont allumées.
Ponctuelle machine tournante
depuis l'immémorial il fait
naître à chaque instant des
vingt-quatre heures la gradation
la nuance l'imperceptible
presque leur fournissant
une mesure. Mais il la rompt
à deux fois brutalement le
matin et le soir. Le continu
lui appartient tandis qu'il

nous impose l'alternatif -
la nuit le jour - les deux temps
qui règlent notre destinée:
Un soleil se lève
un soleil se couche
un soleil se lève à nouveau

A2 MILIEU
Le niveau s'est établi où
s'arrête la descente des eaux
à la mer
la mer fille de gouttelettes
et mère de vapeurs. Et
l'horizontale limite la
contenance liquide."[402]

Pour sa part, la trompe de la mariée du *Grand Verre* est, comme l'a indiqué Jean-François Lyotard (1977) [403], une représentation de la valve vaginale à poids Auvard, tirée du catalogue Hartmann de 1911[404], Emma Cheatle (2017)[405] considérant que l'ensemble du *Grand Verre* serait l'illustration de la "*Maison de verre*"[406] des premières consultations gynécologistes.

Il est, de fait, surprenant de voir qu'aussi bien *La Mariée* que *Le Grand Verre* offrent des images assez nettes, si l'on se place dans cette optique gynécologiste, d'instruments, tels que la citée valve Auvard, mais aussi un tube de stérilisation[407] (à gauche de *La Mariée*), un écarteur cervical (en haut à droite), les deux pointes au-dessus de la valve Auvard, plus visibles dans *Le Passage de la vierge à la mariée*, pourraient bien être la double tête mobile d'une sonde de conisation[408], pièce triangulaire, qui réapparaît dans la trompe de la mariée du *Grand Verre*, où elle est, en outre, associée à la valve Auvard (comme ici elle y est "à ses pieds"), pouvant, par conséquent, être un dépresseur, associé, donc, au speculum (tel qu'on les voit apparaître dans le catalogue WM.H. Armstrong & Cie d'Indianapolis au No 6122[409]), le pistolet pointant, que l'on retrouve dans la *Fille née sans mère* (1915)[410] de Picabia, mais aussi dans la note de Duchamp de la *Baratte* et, voire, même, dans la *Roue de bicyclette,* s'identifie très clairement à un forceps de l'oviducte, ou, bien que celui-ci n'apparaît qu'en 1925, à un microcolposcope[411], en tous cas à un objet invasif de l'utérus.

En ce sens, c'est, sans aucun doute, dans la *Première recherche pour «La Mariée mise à nu par les célibataires» (Mécanisme de la pudeur / Pudeur mécanique)* que l'on trouve la démonstration, comme dans *Fille née sans mère* chez Picabia, la plus claire de l'origine gynécologique du *Grand Verre,* par l'entourage de la figure centrale par deux autres, pointant vers elle des objets pointus ne pouvant, par conséquent, être vu que comme des pinces[412] ou des forceps[413] à biopsie ou des endoscopes[414].

En outre, dans *Le Grand Verre,* l'espèce de plaque d'appui de la trompe de la mariée est très similaire à aux dépresseurs plus anciens tel l'écarteur du fabricant parisien Mathieu[415], alors que le ressort du Soigneur de gravité (14b du schéma de Suquet[416]) évoque le tenaculum pour la manipulation de la muqueuse vaginale[417].

En ce sens, l'écarteur cervical de *La Mariée* nous laisse induire que la forme d'éventail, qui fait écho à celle du chapeau de la valve Auvard (introduite par Duchamp), pourrait être un pelvis ou un bassin osseux féminin inversé[418], c'est-à-dire, comme le postule Cheatle, à propos du titre *Pendu Femelle*[419], dans la position de table d'opération d'"*Examen de l'intérieur de la vessie en position élevée du bassin*". Dans le même sens, le chapeau des valves Auvard de *La Mariée* et du *Grand Verre,* si ils peuvent parfaitement représenter le mouvement d'éventail de la sonde de conisation[420], rappelle aussi, surtout, la forme, en section de 180 degrés, des pelvimètres internes des XVIIème-XIXème siècles[421].

En sus de cela, le *Pendu Femelle*, tel qu'il apparaît dans la *Boîte Verte*, s'identifie visuellement très fortement aux représentations des "*«vases spermatiques préparans» (PP), dont une partie aboutit aux «testicules des femmes» (OO), les «vaisseaux éjaculatoires» (QQ)*"[422] des *Œuvres anatomiques* (1621) du médecin André Du Laurens[423] et des "*vaisseaux déférens, ou «éjaculatoires», qui conduisent la semence au fond de la matrice*" du *Traité des maladies des femmes grosses* (2ème édition, Genève, J. Dentant, 1693, Tab. 4, Fig. 4, p. II, fol II, Bibliothèque interuniversitaire de médecine, Paris, cote 6166) de François Mauriceau[424].

"*Jusqu'à la seconde moitié du XVIIe siècle, c'est la théorie séministe qui domine en matière d'explication des phénomènes de fécondation. Depuis Hippocrate, on pense en effet que la conception est le mélange de deux semences, masculine et féminine, toutes deux éjaculées au moment du coït dans la matrice. Issues de la partie la plus noble du sang, les deux semences commencent à se former dans des vaisseaux et transitent dans les testicules de l'homme et dans ceux de la femme (les ovaires) où s'achève leur transformation; cette symétrie dans la conception renvoie d'ailleurs à une vision symétrique des organes génitaux des deux sexes.*

Un exemple de ce discours séministe et des représentations topographiques qui en découlent, peut être trouvé dans les Œuvres anatomiques8 du médecin André Du Laurens (1558-1609), chancelier de l'Université de Montpellier au tout début du XVIIe siècle.

La description des parties génitales de la femme commence par les «vaisseaux préparans» qui élaborent la semence; au nombre de quatre - deux veines et deux artères - ils ne vont pas tous, comme dans le cas des hommes, vers les testicules: une partie seulement s'y dirige, «entrelacée de force replis et anfractuosités pour l'ébauchement et délinéation de la semence»; l'autre portion se dirige vers le fond de la matrice. Du Laurens n'est pas très clair: en effet, il ajoute un peu plus loin que chaque vaisseau préparans qui va au testicule est prolongé, au-delà de celui-ci, par deux «vaisseaux éjaculatoires», qui amènent la semence féminine jusqu'à la matrice, où elle se mélange avec la semence masculine. L'un va vers la corne de la matrice (le fond): «Par ce premier là, les femmes non enceintes font éjaculation de leur semence au fond de la matrice»; l'autre aboutit au commencement du col (c'est-à-dire à l'entrée) de la matrice quand elle est pleine de l'enfant. Si ce deuxième trajet n'existait pas, la semence déversée dans la matrice pendant la gestation ne trouverait pas d'issue; or, enfermée, elle «se putréfie incontinent et prend nature de venin: il fallait donc faire un canal qui s'en allât rendre non au fond, mais au col de la matrice , afin qu'elle fût chassée hors par icelui». Le système des vaisseaux, dans sa complexité et son ingéniosité, semble jouer le premier rôle dans la fabrication de la semence; le passage par les ovaires n'est pas même clairement explicité.

Il n'est donc pas surprenant que le chapitre suivant, consacré aux «testicules», soit court et décevant; il ne les localise pas par rapport au reste du système génital, il ne décrit pas leur fonctionnement, et se contente de constater leur froideur, leur mollesse et leur petitesse par rapport à ceux des hommes. Leur utilité semble peu évidente, compte tenu des trajets décrits plus haut, et leur statut précaire. Du Laurens connaît l'existence des testicules féminins, mais le système qu'il décrit ne les intègre pas réellement.

Il en va tout autrement de la matrice, «cette partie [...] très noble, et comme un brasier caché sous la cendre chaude». Cette supériorité se lit dans la façon dont le reste des organes génitaux est introduit, comme autant de dépendances de celle-ci. Elle se lit aussi dans l'insistance sur les connexions que la matrice entretient avec le reste du corps, par l'intermédiaire des nerfs: ainsi cette «sympathie admirable de la matrice avec le cerveau». Cette importance est en outre renforcée par sa mobilité supposée. Du Laurens consacre en effet quelques pages à ces mouvements: «La matrice quand elle est fertile erre et vague souvent par tout le ventre, montant tantôt vers le diaphragme et le foie fontaine de vapeur gratieuse, courant tantôt vers les côtés et tantôt aussi agitée des fureurs d'amour descendant vers le bas». Cette extrême mobilité explique, selon une vision finalisée de l'anatomie, la présence de ligaments qui la fixent en plusieurs points. La matrice semble douée d'une vie propre, d'une capacité à sentir les odeurs, bonnes ou mauvaises, à réagir aussi, lorsque la fécondation est en jeu: «son mouvement est naturel quand elle attire la semence (de l'homme) de son col vers la cavité, et qu'elle lui court tout au devant, quand elle se ferme pour la conception, et quand elle se resserre pour pousser hors l'enfant, l'arrière-faix et autres choses étranges en l'enfantement».

Le livre de Du Laurens est illustré par quelques très belles gravures qui éclairent un peu les ambiguïtés du texte; on y retrouve (figure 1) les «vases spermatiques préparans» (PP), dont une partie aboutit aux «testicules des femmes» (OO), les «vaisseaux éjaculatoires» (QQ) qui se divisent dans les deux branches évoquées plus haut, et dont Dulaurens revendique la découverte; la matrice (L) prolongée par son «col» (M), c'est-à-dire le vagin.

On aura remarqué dans cette configuration l'absence des trompes, qui fait écho au silence du texte à leur égard. La seule allusion qui leur est peut-être faite est le passage qui concerne les «cornes», sortes de pointes que certains auraient observées de part et d'autre du fond de la matrice. Mais cette évocation est en même temps un déni d'existence: «si nous aimons la vérité, commente l'auteur, elles paraissent seulement aux bêtes, et principalement aux brebis, chèvres et vaches» . Simple analogie formelle entre l'intérieur et l'extérieur, les cornes ont une existence douteuse et ne jouent aucun rôle dans la fécondation.

La théorie séministe se maintient au XVIIe siècle, et même au-delà. Le texte de Du Laurens peut ainsi être comparé avec le Traité des maladies des femmes grosses du chirurgien-accoucheur François Mauriceau (1637-1709)16, afin d'y repérer continuités et ruptures.

A l'instar de Du Laurens, son premier chapitre est, sans surprises, consacré aux vaisseaux spermatiques ou «préparans», dont la fonction est d'apporter aux testicules la matière première séminale. La semence n'est en effet autre chose «qu'une matière humide, qui procède d'une portion du plus pur sang artériel de tout le corps, converti dans la substance des testicules par leur chaleur en une humeur blanche, visqueuse, écumeuse, et pleine de quantité d'esprits, pour servir à la génération». Le deuxième chapitre traite brièvement des «testicules» féminins, dont l'usage est de «convertir en semence le sang qui leur est apporté». Selon ce fil logique, qui est celui de la reconstitution des prémices de la fécondation, le chapitre suivant introduit les vaisseaux déférens, ou «éjaculatoires», qui conduisent la semence au fond de la matrice (figure 2, C).

Jusque-là, rien de très différent de ce qu'a décrit Du Laurens, si l'on excepte la simplification du système des vaisseaux et l'intégration plus franche des ovaires au circuit accompli par le sang pour devenir semence. Mais les gravures font apparaître deux éléments nouveaux, figurés en D: «les vaisseaux que plusieurs estiment être les seuls et véritables éjaculatoires, décrits par Fallope sous le nom de trompettes»; et, en E, «le morceau déchiré, qui n'est autre qu'une production du ligament large (F) qui paraît déchiqueté en son extrémité comme si elle était rongée de vers»: on aura reconnu dans cette configuration éclatée les trompes et leur pavillon.

Ce décalage entre le texte et les figures témoigne de l'embarras de Mauriceau, et des incertitudes persistantes de la topographie génitale dans le modèle séministe. Ces flottements sont perceptibles à deux niveaux. Concernant les vaisseaux considérés jusqu'alors comme éjaculatoires (figure 2, C), il hésite sur leur nature: puisqu'ils ne semblent pas creux, ne s'agit-il pas plutôt des ligaments comme le prétendent certains? Mauriceau résout - ou élude - la difficulté en rappelant que «la semence qui est toute pleine d'esprits très subtils, peut fort facilement passer à travers la substance poreuse». Autre problème: à quoi peuvent bien servir ces «trompettes»? Mauriceau offre à son lecteur deux explications. Selon les Anciens - et l'on sait le poids d'une telle autorité - , il s'agirait «d'une espèce de cheminée pour l'expiration, et pour le passage de quelques vapeurs de la matrice, qui s'élèvent tant par la fermentation des semences de l'homme et de la femme en la conception, que durant les premiers mois de la grossesse, auquel temps son orifice interne (c'est-à-dire le col de l'utérus) doit être entièrement fermé». Les modernes préfèrent y voir le conduit par où passe la semence féminine; mais Mauriceau rejette cette explication, au motif que l'extrémité évasée des trompes ne touche pas les testicules: la semence n'en peut donc sortir sans se perdre, contrairement à ce qui se passe si elle emprunte les vaisseaux représentés en C. Les représentations figurées prennent donc en compte - sans les relier - les trompes et les pavillons, mais le discours ne leur attribue qu'un rôle mineur, marginal, et ne leur accorde qu'un statut inférieur, celui de ligaments. On reste en effet dans un système de représentation d'une semence fabriquée dans le sang, et acheminée par un réseau de vaisseaux, c'est-à-dire un système comparable à celui de l'homme. Les trompes n'ont donc pas de place, littéralement, dans ce système. Les données de l'observation se heurtent à un modèle explicatif fort, qui les minimise."[425]

De nouveau, la trompe de la mariée du *Grand Verre* évoque les branches des pelvimètres internes[426], tel celui d'Herbert King Thoms[427], ou celui reproduit dans l'*Encyclopédie Méthodique* (1782) de Charles Joseph Panckoucke[428].

De même, encore, le Soigneur de Gravité, aussi bien tel qu'il apparaît dans les notes de Duchamp[429] (et reproduit par Suquet)[430], que comme il est représenté dans son *Autel* (1947, le septième de l'Exposition internationale du surréalisme de cette année[431]), où l'on note qu'il a quatre (et non plus deux, ni trois) pieds, reproduit la forme des instruments d'embryotomie destructifs, tels qu'ils apparaissent, encore, dans l'*Encyclopédie Méthodique*, en Fig. 6 de la Planche IX[432].

On en retrouve, encore, une forme similaire, dans le *Cadavre exquis (L)* (1938) par André Breton, Jacqueline Lamba et Yves Tanguy[433].

À son tour, l'ombre du *ready-made* du *Tire-bouchon* touchant celle de celui de la *Roue de bicyclette* dans *Tu m'* rappelle la forme ouverte des bras des anciens pelvimètres de Breisky[434], en même temps que la structure générale des *speculums magnum matricis* ou (en grec) *dioptra* romains[435], bien qu'avec la tête inversée.

La Glissière, telle qu'elle apparaît, notamment dans la note *Buttoir de vie arrêtant l'élan...*[436], en particulier pour son titre, et dans la photographie *Danseuse de cordes s'accompagnant de ses ombres* de la *Boîte Verte* rappelle certainement l'"*Obstetric Phantom Schultze*" (No 477) - ou faux ventre -, tel qu'il apparaît, comme la Glissière dans la photographie citée, monté sur des patins en arc-de-cercle, dans le catalogue de Charles Lentz & Sons, Philadelphie, (Section IX, p. 333)[437]. Duchamp, comme pour le *Tire-bouchon* de *Tu m'*, inverse aussi les valeurs, les patins en arc-de-cercle enfermant la Glissière dans son oeuvre, là où ils supportent le poids du faux ventre dans le catalogue original.

On note que le "*Pied du jongleur des centres de gravité*" tombant, également en arc-de-cercle, sur le "*vêtement de la mariée*" par une boule[438] reproduit l'arc-de-cercle du tuyau de *La Mariée*, sonde de conisation ou tube de stérilisation.

La structure et la figure de la version du Musée d'Orsay de la *Fille née sans mère* de Picabia semblent donner une source d'inspiration à la forme noire et son espèce de pied de canard de la partie gauche de la mariée du *Grand Verre*. Duchamp inversant, de nouveau, ici, la position de la trompe, non plus derrière, mais devant le pied semi-circulaire de la forme.

Si l'on part de la version de *La mariée mise à nu par ses célibataires, même* (1968)[439], où la figure féminine, repliée, sur une sorte de chaise de prière, est entourée d'en halo, et dont la position de dos rappelle celle, par le fait, de *La Prière* de Man Ray, il ne serait pas très difficile de rapprocher la Voie Lactée (qui est le halo abstrait du *Grand Verre* entourant le nu figuratif de 1968, non montré dans *Le Grand Verre*) de la double barre centrale de la chaise d'entrainement physique elliptique du XIXème siècle[440].

Mais, pour rester dans le cadre gynécologique, on rapportera la Voie Lactée, et de l'entrée, à gauche de la figure, des possibles instruments médicaux, du côté de la trompe, encore une fois, à la position, jupes relevées, cachant le visage, telle que la représente Henry Savage (*James Marion Sims' operation for vesico-vaginal fistula*, 1882[441]), et, plus généralement, de la consultation sous la jupe, comme on la trouve encore chez Jacques-Pierre Maygrier (*Dessin d'un médecin examinant l'abdomen du femme*, 1822)[442].

On notera encore la certaine similitude entre la structure d'excroissance de la trompe de la mariée du *Grand Verre* et le bulbe de l'appareil génital des abeilles mâles[443], ainsi qu'en général, entre le Grand Voile et la forme fermée du vestibule d'un vagin, soit animal[444], soit humain[445].

Finalement, le jet du Roi dans *Le Roi et la Reine traversés par des nus vite* et *Le Roi et la Reine traversés par des nus en vitesse* ne laisse pas de rappeler l'iconographie des traitements par douche pelvienne de l'hystérie (c.1860)[446], et les stoppages étalon qui vont, dans *Le Grand Verre*, des célibataires aux Tamis, et font écho, dans les notes, aux filaments, qui vont du Soigneur de gravité au Pendu Femelle, rappellent la forme du dilatateur Frommer (No 02521 du catalogue S. Maw, Son & Sons[447]).

Lindemans propose une intéressante analyse de l'ensemble de l'oeuvre de Duchamp.
Sa thèse, sur laquelle nous reviendrons abondamment, depuis notre propre analyse comparative, dans le présent Volume, et qui, en substance, reprend une thèse, également développée, bien que du point de vue de la comparaison iconographique avec les cartes postales émise par Jean-Jacques Lebel (1988)[448], est celle d'une implicite récurrence dans l'oeuvre de Duchamp de figures, sous celles explicites, d'urine et de pets féminins.
S'il n'est pas du propos du présent ouvrage de vérifier ou d'informer cette proposition d'analyse, elle est intéressante venant

d'un artiste visuel, d'autant qu'il l'illustre de ces propres croquis pour révéler cette seconde lecture qu'il propose de l'oeuvre duchampienne.

Si certaines affirmations nous semblent moins plausibles, ou plus sujettes à caution, ou le fait d'une ingéniosité interprétative difficile à démontrer au-delà du simple soupçon de possibilité (cas de la forme de *L.H.O.O.Q.*, donc de *Mona Lisa,* comme métaphore de masturbation[449]), il nous semble cependant indéniable qu'il arrive à montrer cette présence avec assez de pertinence dans: *Jeune fille endormie* (Avril 1902, Blainville) AS-4; *Suzanne Duchamp jouant un jeu de solitaire* (Avril 1902, Blainville) AS-5; *Suzanne Duchamp assise dans un fauteuil rouge* (Mai 1902, Blainville) AS-6; Grand-mère cousant (Juillet 1902, Blainville) AS-7; *Suzanne Duchamp assise* (1902, Blainville) AS-19; *Bec Auer* (1903-4, Rouen) AS-28; *Le Sacré Cœur* (1904-5, Paris) AS-35; *Flirt* (1907, Paris) AS-101; *Feminisme* (1908, Paris) AS-125; *Le Lapin* (1909, Neuilly) AS-130; *Jeune homme et jeune fille au printemps* (printemps 1911, Neuilly) AS-220 (dont nous relèvera que l'iconographie visuelle des corps et l'harmonie des couleurs s'inspire très directement de celle des *Baigneurs*, 1899-1900, de Paul Cézanne[450]); *Yvonne et Magdeleine déchiquetées* (Septembre 1911, Veules-les-Roses) AS-221; *À propos de jeune sœur* (Octobre 1911, Rouen) AS-222; *Dulcinea* (Octobre 1911, Neuilly) AS-230; *Portrait de joueurs d'échecs* (Décembre 1911, Neuilly) AS-235; *Jeune homme triste dans un train* (Décembre 1911, Neuilly) AS-238; *Vierge No 2* (Juillet 1912, Munich) AS-251; *Le passage de la vierge à la mariée* (juillet-août 1912, Munich) AS-252; *Mariée* (Août 1912, Munich) AS-253; *Machine célibataire: 1o en plan et 2o en élévation* (1913 Neuilly) redessiné plus tard en tant que: *Bachelor*

Apparatus: Elevation (1931-33 Paris) AS-267; *Pharmacie* (1914, Rouen) AS-283; *In advance of a broken arm* (1915, New York) AS-332; *ECHECS championnat de France 1925* (1925, Nice) AS-411; *Sculpture-morte* (1959, Cadaqués) AS-573.

Si seulement une partie de cet ensemble est correct, nous en obtenons une étrange et notable récurrence. Ce qui nous préoccupe le plus dans cette énumération, c'est, d'une part, les démultiplication de visions de Lindemans pour chaque oeuvre de Duchamp, comme dans *Portrait de joueurs d'échecs*, souvent contradictoires (masculine-féminine, phallique-vaginale), même si cela reste toujours dans le cadre de l'évocation sexuelle, et que la multiplication des déformations possibles peut être, en premier lieu, due à l'ambivalence des à peu près visuels d'abstraction volontairement réalisés par Duchamp; et d'autre part le principe de simplification visuelle dont il peut obtenir à peu près tout ce qu'il veut, cas notamment de *Mariée* ou *Pharmacie*.

De fait, si l'analyse visuelle que propose Lindemans de *Pharmacie* comme une paire de jambes nous paraît l'une des plus évidemment pertinentes, il est paradoxal que Duchamp[451] décrive cette oeuvre comme un *ready-made* où son apport n'a été que l'ajout de deux points de couleurs différentes. Ce qui révèle et illustre bien, donc, par contrecoup, à la fois les complexités et les limites du type d'analyse globale proposée par Lindemans.

Également assez satisfaisantes sont les démonstrations de présence de lettres dans *Paysage à Blainville* (1902, Blainville) AS-16:

"*La première peinture à l'huile de Marcel. Dans un joli style impressionniste. Mais c'est aussi un jeu de cache-cache. En faisant basculer le tableau vers la droite, nous voyons, entre les jambes d'une fille : son vagin et son anus. En utilisant une illusion*

d'optique par la perspective, appelée anamorphisme, nous voyons une érection dans ces lignes. En basculant vers la gauche, avec l'anamorphisme, nous obtenons un énorme gland. Le tableau cache aussi plusieurs érections et plusieurs vagins.
Et à droite, près du petit pont, on peut trouver des lettres cachées.
Avec celles-ci, on peut former «MARCEL»... mais aussi «SUZANNE»."[452]

Et *Maison parmi les pommiers* (1907, Puteaux) AS-103:

" *Les indices les plus visibles sont les branches d'arbres de formes bizarres. Il s'avère que ce sont des lettres. Exactement celles qui servent à écrire «J'AIME SUZANNE».*"[453],

Et les possibles contrepèteries des titres, comme, notamment, dans *Nu descendant un escalier*:

"*Qu'est-ce que ce titre en forme de puzzle a à raconter?*
'NU DESCENDANT UN ESCALIER' a beaucoup de lettres semblables, donc les possibilités semblent limitées. Pour lancer les francophones, voici une série de tentatives (fautives):
'SCENE DANSANTE CUL D'URINE' ou
'C'EST D'UN SCANDALE EN URINE' ou
'DANSES DE CE CUL EN URINANT' ou à l'impératif:
'URINES EN DESCENDANT A CUL' ou peut-être quelque chose avec
'LA DEESSE URINANTE...............'? Ou quelque chose avec
'ACCIDENT', 'DELICT', 'DENUDER', 'DELIRE' ou 'INCESTE' ou même
'ENCULER'?"[454]

Fountain (1917, New York) AS-345, qui, dans l'analyse de Lindemans, reproduit la forme du *Sacré Coeur* et de *Pharmacie*, lui permet une approche littéraire intéressante:

"*Le titre n'est probablement pas une anagramme mais le plaisir ici, c'est de jouer avec les lettres de R.MUTT. Vu de manière superficielle, c'est un jeu de mots avec le nom du fabricant : MOTT Works. Mais nous devons jouer le jeu « d'urine et de pets » de Marcel. Lorsque nous prononçons séparément chaque lettre de R.MUTT, nous avons plus de lettres pour notre puzzle : ER POINT EM U TE TE et nous pouvons alors écrire PETE ET URINE TOTEM.*"[455]

Tout comme *Nu descendant un escalier (Dollhouse version)* (1918, New York) AS-359:

"*Une petite œuvre très intéressante pour l'analyse visuelle. Car Marcel Duchamp doit être ici très sommaire. Toutes les trouvailes érotiques du N°2 (AS-242) s'y retrouvent! Et différents détails sont mieux reconnaissables : le toton, la girouette, l'acrobatie, un miroir sur une chaise, un escalier tournant en bas, un carrousel? Le petit étang d'urine...C'est ici que Marcel se trahit le plus.*"[456]

Lindemans propose, ainsi, de même, une intéressante reconnaissance iconographique de la forme de la Voie Lactée du *Grand Verre*:

"*Aussi appelé «Grand verre». C'est un puzzle visuel très difficile. Parce que Duchamp explique ici les événements complets de sa jeunesse, dans une nouvelle combinaison de différentes œuvres anciennes, qui étaient déjà en soi des explications de ses plaisirs cachés. Il a en fait commencé ce puzzle en 1912 à Munich. Cela faisait peut-être partie de sa thérapie et cela l'a occupé thérapeutiquement pendant 10 ans. Une telle énigme ne se résout pas vite.*
Dans la partie supérieure, on voit à gauche des fragments de la «Mariée»: les jeux érotiques, l'acrobatie. Arrive à côté un grand nuage brun. Un pet? Dans lequel il y a trois carrés blanches: des couches sur une corde à linge ou un soupirail à contre-jour? Duchamp l'appelle «Top inscription». Un titre donc? Du texte? La forme des nuages nous rappelle le texte que l'on trouvait dans «Among Apple Trees» (AS-103), et qui se trouvait aussi dans des formes de nuages aussi bizarres: J'AIME SUZANNE. Est-ce l'inscription? Face à ce jeu homophonique du titre «La mariée..., m'aime»? Les nine shots à droite ressemblent à une constellation inexistante. Est-ce un jeu avec le compas sans numéros?
Dans la partie inférieure, la fameuse série de jeux érotiques de «9 Moules malic» (Nine shots?), combinée au moulin à eau/ventilateur. Ensuite une série des passoires qui tournent qui représentent peut-être le «Toton» tournant. A coté, peut-être une abstraction de la girouette, ou est-ce que ce serait un carrousel? Ou un peu d'hypnose? Duchamp l'appelle l'«Oculist witness». A côté, la «Broyeuse de chocolat», ou à nouveau sa série de jeux. Une combinaison des passoires et de la broyeuse montre un grand visage avec des yeux mi-clos près d'un vagin (ou une raie des fesses). Etc...
Il est possible qu'il y ait un lien entre l'histoire sur les plaques de verre et le corps physique (masculin) dans l'espace. Si un homme se tient debout derrière, les «9 Moules

malic» sont à la hauteur de ses organes génitaux. S'il regarde en l'air, il regarde entre les jambes de la «Mariée».

Il y a certainement plusieurs raisons qui font que cette œuvre est transparente.

L'anagramme cache parfaitement «MARCEL SE MASTURBE».

Avec les lettres restantes, on peut, si on reste proche des intérêts de Marcel Duchamp, écrire «PISSE». Une solution complète pourrait être:

AIE PISSE, L'AMIE ANIME MARCEL A SE MASTURBER ou

MARIE PISSA EN AMIE LIEE, MARCEL SE MASTURBA qui renvoie à Mary Reynolds, avec qui il avait alors une relation ? Mais ce titre, Duchamp l'avait déjà imaginé en 1913...

LA MARIEE AIE PISSE, MARCEL ANIME SE MASTURBE ...alors?

En arrêtant cette « œuvre d'art constante », Marcel Duchamp clôture une période importante de sa vie."[457]

[1]"*En 1926, les deux panneaux sont exposés au Musée de Brooklyn, puis emballés dans une caisse en bois pour être livrés chez Katherine Dreier qui en était propriétaire. La caisse n'est ouverte qu'en 1936 où on constate le bris des panneaux de verre. Marcel Duchamp choisit d'en conserver les brisures et consacre trois mois à assembler les fragments en les emprisonnant dans des plaques de verre plus épaisses. Le Grand Verre est actuellement exposé au Philadelphia Museum of Art. Marcel Duchamp arrêta de travailler sur Le Grand Verre en 1923. L'œuvre est considérée comme inachevée, selon le vœu même de l'artiste.*" (https://fr.wikipedia.org/wiki/Le_Grand_Verre#Histoire)

[2]*Ibid.*

[3]https://www.youtube.com/watch?v=yrfibt6Bkwc

[4]https://www.centrepompidou.fr/cpv/resource/cgzG7q/r9jKgMB

[5]Philippe Schepens, *Linguistique dialogique et psychanalyse*, Presses Universitaires de Franche-Comté, 1999, pp. 213-215.

[6]*Le petit citateur: notes érotiques et pornographiques: recueil de mots et d'expressions anciens et modernes, sur les choses de l'amour, etc., pour servir de complément au Dictionnaire érotique du professeur de langue verte. Par J. Ch.-X.*, Bruxelles, Paphos, 1869 , p. 135.

[7]https://www.youtube.com/watch?v=CaGMHROrgxQ

[8]https://fr.wikipedia.org/wiki/La_Cravate

[9]https://www.youtube.com/watch?v=UlOsmELnNnI

[10]https://fr.wikipedia.org/wiki/L%27affaire_est_dans_le_sac

[11]"*Prenons le film Santa Sangre, construit en deux parties: la première présente Phenix (Alex Jodorowsky), personnage principal interné en hôpital psychiatrique et dont on apprend grâce à des flashbacks qu'il a grandi dans un cirque. Sa mère, Concha (Blanca Guerra), qui vénère au sein d'une secte une jeune sainte dont les bras ont été arrachés, est acrobate et surprend son mari (Guy Stockwell) au lit avec une femme entièrement tatouée (Thelma Tixou). Elle lui brûle alors le sexe avec de l'acide. Son mari lui coupe les bras et se suicide. La deuxième partie du film se concentre sur Phenix qui devient le bras vengeur de sa mère. Ces quelques détails importent car ils permettent de comprendre le traitement esthétique du personnage de la mère, Concha. Alors qu'elle vénère une icône sans bras, une statue, Concha semble devenir sa réincarnation, sa forme humaine. Dans le passage d'une partie à l'autre du film s'opère dès lors un entrelacement esthétique très fort entre ces deux figures qui définira le devenir du personnage de Concha. Alors qu'on apprend à la fin du film qu'elle est en fait morte, cette protagoniste est très tôt caractérisée en tant que corps-marionnette. En effet, une longue séquence présente son numéro de cirque qui consiste à être suspendue dans les airs par les cheveux... Plus tard, l'imaginant encore vivante, son fils s'installe derrière elle et insère ses bras dans ses vêtements afin de devenir le prolongement de son corps, tel un marionnettiste. Enfin, on comprend à la fin du film que Concha était effectivement une marionnette fabriquée par Phenix et qu'elle était représentée au fil de l'intrigue telle que son fils l'imaginait.*" (Sophie Pierre, "*De la bande dessinée au cinéma: puissances et fragilités des corps chez Alejandro Jodorowsky*", *Entrelacs*, 16 | 2019, http://journals.openedition.org/entrelacs/5677) L'auteur ne perçoit pas la symbolique psychanalytique liée à la virginalité maternelle de cette figure profondèment mariale qu'est, par son prénom même, Concha (diminutif de Concepción).

[12]On trouve un antécédent de la figure de la femme-tronc (fausse) dans *La garnison amoureuse* (1934, Max de Vaucorbeil).

[13]"*To the less comprehensible male sex-symbols belong certain reptiles and fish, notably the famous symbol of the snake. Why hats and cloaks should have been turned to the same use is certainly difficult to discover, but their symbolic meaning leaves no room for doubt. And finally the question may be raised whether possibly the substitution of some other member as a*

representation for the male organ may not be regarded as symbolic. I believe that one is forced to this conclusion by the context and by the female counterparts.

The female genital is symbolically represented by all those objects which share its peculiarity of enclosing a space capable of being filled by something—viz., by pits, caves, and hollows, by pitchers and bottles, by boxes and trunks, jars, cases, pockets, etc. The ship, too, belongs in this category. Many symbols represent the womb of the mother rather than the female genital, as wardrobes, stoves, and primarily a room. The room-symbolism is related to the house-symbol, doors and entrances again become symbolic of the genital opening. But materials, too, are symbols of the woman—wood, paper, and objects that are made of these materials, such as tables and books. Of animals, at least the snail and mussel are unmistakably recognizable as symbols for the female; of parts of the body the mouth takes the place of the genital opening, while churches and chapels are structural symbolisms. As you see, all of these symbols are not equally comprehensible.

The breasts must be included in the genitals, and like the larger hemispheres of the female body are represented by apples, peaches and fruits in general. The pubic hair growth of both sexes appears in the dream as woods and bushes. The complicated topography of the female genitals accounts for the fact that they are often represented as scenes with cliffs, woods and water, while the imposing mechanism of the male sex apparatus leads to the use of all manner of very complicated machinery, difficult to describe.

A noteworthy symbol of the female genital is also the jewel-casket; jewels and treasure are also representatives of the beloved person in the dream; sweets frequently occur as representatives of sexual delights. The satisfaction in one's own genital is suggested by all types of play, in which may be included piano-playing. Exquisite symbolic representations of onanism are sliding and coasting as well as tearing off a branch. A particularly remarkable dream symbol is that of having one's teeth fall out, or having them pulled. Certainly its most immediate interpretation is castration as a punishment for onanism. Special representations for the relations of the sexes are less numerous in the dream than we might have expected from the foregoing. Rhythmic activities, such as dancing, riding and climbing may be mentioned, also harrowing experiences, such as being run over. One may include certain manual activities, and, of course, being threatened with weapons.

You must not imagine that either the use or the translation of these symbols is entirely simple. All manner of unexpected things are continually happening. For example, it seems hardly believable that in these symbolic representations the sex differences are not always sharply distinguished. Many symbols represent a genital in general, regardless of whether male or female, e.g., the little child, the small son or daughter. It sometimes occurs that a predominantly male symbol is used for a female genital, or vice versa. This is not understood until one has acquired an insight into the development of the sexual representations of mankind. In many instances this double meaning of symbols may be only apparent; the most striking of the symbols, such as weapons, pockets and boxes are excluded from this bisexual usage.

I should now like to give a summary, from the point of view of the symbols rather than of the thing represented, of the field out of which the sex symbols are for the most part taken, and then to make a few remarks about the symbols which have points in common that are not understood. An obscure symbol of this type is the hat, perhaps headdress on the whole, and is usually employed as a male representation, though at times as a female. In the same way the cloak represents a man, perhaps not always the genital aspect. You are at liberty to ask, why? The cravat, which is suspended and is not worn by women, is an unmistakable male symbol. White laundry, all linen, in fact, is female. Dresses, uniforms are, as we have already seen, substitutes for nakedness, for body-formation; the shoe or slipper is a female genital. Tables and wood have already been mentioned as puzzling but undoubtedly female symbols. Ladders, ascents, steps in relation to their mounting, are certainly symbols of sexual intercourse. On closer consideration we see that they have the rhythm of walking as a common characteristic; perhaps, too, the heightening of excitement and the shortening of the breath, the higher one mounts.

We have already spoken of natural scenery as a representation of the female genitals. Mountains and cliffs are symbols of the male organ; the garden a frequent symbol of the female genitals. Fruit does not stand for the child, but for the breasts. Wild animals signify sensually aroused persons, or further, base impulses, passions. Blossoms and flowers represent the female genitals, or more particularly, virginity. Do not forget that the blossoms are really the genitals of the plants.

We already know the room as a symbol. The representation may be extended in that the windows, entrances and exits of the room take on the meaning of the body openings. Whether the room is open or closed is a part of this symbolism, and the key that opens it is an unmistakable male symbol." ("*Part Two: The Dream. X. Symbolism in the Dream*", http://www.bartleby.com/283/10.html)

[14]"*Introduction à la psychanalyse (Vorlesungen zur Einführung in die Psychoanalyse) est un ouvrage qui reproduit des cours donnés par Freud de 1915 à 1917, «devant un auditoire composé de médecins et de profanes des deux sexes» et publié en 1917.*" (https://fr.wikipedia.org/wiki/Introduction_%C3%A0_la_psychanalyse)

[15]https://www.moma.org/learn/moma_learning/max-ernst-the-hat-makes-the-man-1920

[16]"*To make The Hat Makes the Man, Max Ernst cut, pasted, and stacked images of men's hats clipped from a sales catalog. The suggestively phallic towers and tongue-in-cheek title inscribed on the work, "C'est le chapeau qui fait l'homme" ("The hat makes the man") were likely inspired by Sigmund Freud's book The Joke and It's Relation to the Unconscious (1905), in which the famed psychoanalyst identified the hat—a requisite accessory for bourgeois men—as a symbol for repressed desire. The visual pun adds a new, bawdy spin to the cliché.*

In this work and many others, Ernst clipped illustrations from advertisements or articles, arranged them partially by chance, and then drew or painted around his absurd configurations. "These changes," Ernst recalled, were "reproductions of what was within me, recorded a faithful and fixed image of my hallucination. They transformed the banal pages of advertisement into dramas that revealed my most secret desires."" (William Rubin, *Dada, Surrealism, and Their Heritage*, New York, The Museum of Modern Art, 1968, p. 49 (la référence à *Le Mot d'esprit et sa relation à l'inconscient* est erronée.)

[17]Tristan Tzara, "*D'un certain automatisme du goût*", *Minotaure*, Nos 3-4, 1933, pp. 81-84.

[18]"*Été 1933. Les chapeaux des femmes me font redécouvrir le temps où l'invraisemblable invasion des fleurs m'apportait, avec la fraîcheur de la jeunesse et de la désolation, le sens d'une volupté tactile et visionnaire que je dus regarder comme la confirmation de ma nature sous sa forme la plus secrète, celle des représentations sexuelles. C'est sous l'écorce du symbolisme latent qui, petit à petit, se durcit sur la conscience des individus qu'il faudra rechercher les attirances exercées sur eux par les données avouables et inavouées des explorations de toutes sortes, des lectures, des angoisses et des événements, si les événements ne sont pas inventés ultérieurement. Pour répondre aux désirs, on leur superpose l'image de la rencontre déterminante d'une portion fortuite de sa vie qui leur est désormais assujettie. C'est donc en faisant la soustraction qui s'impose à chaque écrit de la part obsessionnelle de l'auteur qu'on arrivera à déterminer le résidu d'objectivité d'une œuvre. La logique n'est plus d'un grand secours pour des opérations de ce genre, et l'observation n'entre en ligne de compte que comme objet de polarisation de tout un monde de désirs et de perversions.*

Il semble que le monde merveilleux des représentations sexuelles les plus reculées dans la structure psychique des êtres humains, plus particulièrement celle des femmes, soumis à une étrange loi de dépassement et d'opposition, loi de continuelle mobilité, vérifiée par l'acceptation ou répétée par la masse et appelée la mode, il semble que ce monde qui répond à une nécessité inéluctable, partiellement régi par les instincts — celui de s'embellir, chez la femelle, à partir des échelons zoologiques relativement bas — et partiellement perfectionné selon les besoins d'une cause plus raffinée, il semble que ce monde soit caractérisé par une mise en valeur des différentes parties du corps pour lesquelles les embellissements servent en même temps d'enseigne et d'appel.

C'est, pour ainsi dire, l'interprétation inconsciente d'une série de représentations, restées cachées au sujet, qui s'exprime par un symbole dont les caractères sont tirés de la vie courante. Il est difficile de dire au juste ce qui pousse l'être humain à s'exprimer de cette manière, mais tout porte à croire que c'est la libido; le ralentissement, par la vieillesse, de l'élan amoureux, accompagné de la perte du besoin de plaire, en est une preuve suffisante. Les symboles sexuels ont été amplement étudies par la psychanalyse, il s'agira pour moi d'indiquer à leur lumière jusqu'à quel point le goût peut s'assimiler les critères esthétiques et les possibilités qui nous sont offertes de retrouver dans ces derniers les racines foncièrement humaines.

Les chapeaux que, récemment encore, les femmes portaient, les chapeaux à calotte pliée en forme de fente qui, à leur début, devaient imiter ceux des hommes, les chapeaux dont, au cours de leur évolution, la ressemblance avec le sexe féminin est devenue non seulement frappante, mais significative à plus d'un titre, ont enfin confirmé d'une façon éclatante ce que j'avance par l'exemple de deux spécimens caractéristiques: le chapeau exécuté en élastiques de tire-chaussettes et celui dont la calotte est entourée d'une garniture imitant un faux col à coins cassés pourvu de sa cravate. Dans la manière même dont ces deux attributs, les plus marquants du costume masculin, le tire-chaussettes tendu faisant appel à une image de la virilité et la cravate dont le rôle symbolique est connu, dans la manière même dont ils entourent la reproduction de ce sexe féminin que les femmes portent sur la tête, il faut être aveugle pour ne pas voir, non pas uniquement un effet de la fantaisie qui, elle, ne joue que le rôle d'ingénieuse entremetteuse, mais une réelle force de justification que les créatrices de ces modèles ont donnée à leurs œuvres.

Il ne faut pas croire à une soumission aveugle des femmes à la mode. Il ne faut pas non plus sous-estimer le rôle qu'y jouent les facteurs économiques et sociaux. L'importance de ceux-ci une fois admise et le mécanisme de l'adaptation à la mode dominante (qui agit sur la femme plutôt comme force de suggestion) mis sur le compte d'un phénomène de psittacisme et du pouvoir dont jouit le capitalisme d'imposer la marchandise à l'aide de la réclame, de la mode, du patriotisme, etc., il reste toujours à la femme la possibilité du choix et c'est là que se développeront les différenciations qui font l'objet de mes observations. Il ne suffit pas du lancement d'une mode pour que celle-ci réussisse à s'imposer. Une majorité anonyme et invisible exerce un contrôle constant, par élimination, sur l'efficacité de la mode en tant que répondant aux possibilités de transformation et d'accaparement par un maximum de formes représentatives à fonctionnement sexuel.

Précédant immédiatement la mode des chapeaux à forme fendue et par opposition à elle, la chéchia, dont le caractère sexuel masculin n'est pas douteux, fit un passage de courte durée. C'est à l'échec de cette mode que nous devons l'apparition du chapeau qui nous préoccupe et qui se fixa définitivement sous la forme décrite, la couleur blanche ou crème qu'il affectionnait au début augmentait encore la ressemblance avec la chair. À moins qu'il ne faille interpréter la couleur blanche comme un symbole de la virginité intentionnelle, de la candeur, par contraste au cynisme de la forme? À travers d'innombrables variétés intermédiaires, passant par des phases plus ou moins imitatives et réalistes, les lèvres de ces fentes allaient du plus large entrebâillement (on pouvait rencontrer des chapeaux véritablement crapuleux) aux fines ouvertures invitant les plus délicieuses conceptions à un rêve de fragilité et de délicatesse. La pointe extrême de l'étroitesse de la fente est donnée par le chapeau dont les lèvres sont cousues de façon à ne laisser visible qu'un soupçon à leur commissure. Faut-il croire qu'il existe chez chaque femme, sous forme de représentation psychique, un état de virginité arriérée à différents degrés, représentation purement subconsciente sans rapport avec l'état morphologique réel des organes corrélatifs? Si l'on tient compte de certains cas de complexes d'infériorité où le désir de castration se manifeste par l'amour inconsidéré des cicatrices et tend à la déchéance, le port de ces chapeaux constituerait un sérieux correctif qui agirait comme acte de compensation. Ou serait-ce là la représentation idéalisée des pouvoirs d'accéder au sexe, représentation parallèle au fonctionnement mental ayant sa racine dans les refoulements, les interdictions, surmontées ou non, du sujet? Qu'on s'imagine ce qui peut déterminer, parmi des dizaines de modèles, le choix d'un chapeau plutôt qu'un autre. Il correspond infailliblement à un désir humain précis de la femme, et, à travers les hésitations et les flottements, la loi esthétique qu'elle s'est créée se transformera en prétexte et médiateur nécessaire, bientôt systématisé au point de devenir automatique. Dans la série de chapeaux fendus, selon leur degré d'ouverture, on trouve soit la pureté imagée et schématisée, pour ainsi dire idéalement sculpturale des sexes de femme, soit le froissé des chairs meurtries (voir les chapeaux de deuil, où la représentation des sexes douloureux et noirs, morts pendent en lambeaux jusqu'aux déchirures de chair pour rejoindre la désolation et la souffrance et répondent à des désirs masochistes de douleurs affichées) ou des simulacres de renversement complet, où le contenu de la fente, au lieu d'indiquer le vide, est entièrement retourné par rapport a la surface visible (caractère anal). Certains de ces couvre-chefs s'ornent de boutons, de rubans, de scarifications (remarquables), d'indications de cousu figurant la possibilité d'augmenter ou de réduire à volonté la largeur de la fente (les lacets n'étant pas tirés jusqu'à rappeler complètement les bords des valves), d'anneaux métalliques passés à travers les lèvres — ô involontaire chasteté —, d'une masse de couleurs pâles et opalescentes, à motifs décoratifs à peine indiqués, de substance visqueuse, coagulée et translucide, évoquant vaguement des plantes, des fruits et des fleurs, débordant les bords de la fente comme si elle s'écoulait de l'intérieur.

Au cours de mon enquête, il me fut donné d'observer qu'une réelle opposition était présentée dans certains cas quant à la possibilité même de suivre cette mode. Quoique les raisons invoquées fussent toujours de l'ordre du goût et de l'esthétique, il est indéniable que les déterminantes de ceux-ci sont à chercher dans des inhibitions simples, le plus souvent le refus d'envisager sous une forme publique la vie sexuelle. Les chapeaux à large ouverture étant les plus difficiles à porter, je tiens les renseignements d'un grand magasin, sont les meilleurs marchés (à condition égale de matériel et de travail). Il faut conclure que le nombre de femmes à représentation vaginale large est le plus réduit. Mon expérience personnelle m'apprit, par contre, que des femmes, très refoulées sous ce rapport, portaient aussi des chapeaux à grande ouverture; l'explication est à chercher dans une identité, sur un plan donné, des contraires qui se joignent apparemment.

Il semble résulter de ce rapide compte rendu que, indépendamment de la mode du moment — cette question intéressant particulièrement les lois économiques et l'alternance des symbolismes sexuels masculins et féminins —, la femme placée devant la nécessité du choix se réfugie dans des considérations inventées pour masquer ses mobiles intimes (désirs intra-utérins, exhibitionnisme des facultés érotiques, etc.) dans une théorie du goût et de l'esthétique qu'elle se fabrique inconsciemment, mais avec ingéniosité à cette intention. Qu'une femme ne se trompe jamais dans ses goûts veut dire uniquement que les déterminantes de sa sexualité trouvent toujours leur expression, la plus directe et sincère, dans l'objet de son choix de vêtements et d'ornements. L'automatisme du goût agit chez elle en dehors de toute raison et la transformation des désirs en symboles existants, au moyen du transfert, s'opère avec une suprême habileté.

***

Que l'esthétique n'ait pas une existence propre et indépendante, il n'y a plus que de bas critiques d'art (espèce particulièrement gélatineuse) pour ne pas s'en apercevoir. Rien ne saurait exister en dehors des caractères humains, la représentation du monde extérieur elle-même doit se plier à cette exigence. Je veux bien admettre que, dans l'évolution des formes d'art, le déterminisme économique et social prédomine, tandis que l'humain se révèle plus puissamment dans son contenu et que les influences réciproques des formes sur les contenus puissent, à un moment donné de l'histoire, arriver à le résumer. Mais le résidu d'une œuvre d'art, à n'importe quel moment de son évolution, restera toujours une quantité constante et c'est lui que nous avons en vue quand nous parlons de l'œuvre d'art. À l'attachement à celle-ci, préside le désir de retour à la vie pré-natale: le sentiment d'épanchement, de confort total et absolu, irrationnel, de l'absence de conscience et de responsabilité. Ce désir est de nature émotive, lié à l'angoisse du sentiment opposé, post-vital, représenté par la perte tragique, accidentelle, de la conscience. Autant il est doux de pouvoir se réfugier dans le premier en sécurité, autant la crainte du second est liée à l'idée de violence. Dans l'appréciation de l'œuvre d'art, ce souvenir pré-natal qui est presque toujours le même chez tous les individus (lié aux satisfactions que donnent les substances à toucher, à lécher, à sucer, à croquer, à manger, à appliquer contre la peau ou la paupière, les substances chaudes, obscures, humides, etc.) est corrigé par les souvenirs d'enfance, qui eux imprègnent de leur grande variété les goûts et les dons d'observation, c'est-à-dire la spécialisation et la fixation des obsessions. Ceux qui se sont occupés d'objets d'art primitif savent que les belles pièces présentent une usure due à l'attouchement prolongé qui ajoute à leur prix et à leur beauté (patine répandue plus ou moins uniformément sur toute la surface, par conséquent non pas uniquement provoquée par des raisons d'ordre pratique de transport ou de déplacement), attouchement que le sauvage n'exerce pas pour évaluer des facteurs esthétiques dont il n'a que faire, mais pour répondre à une nécessité réelle, désir qui souvent prend la forme collective et policée d'un usage magique quelconque. (Égrener des chapelets, porter des cannes, etc., dormir, chez les enfants, avec des objets à caractères totémiques, sucer certains jouets, etc. sont des phénomènes bien connus.) Ce qu'on appelle donc la patine des objets est une propriété infiniment précieuse, car elle est la confirmation que l'objet a déjà répondu aux désirs intra-utérins de toute une série d'individus et que, pour l'assouvissement de ceux-ci, il est réellement efficace. L'homme a besoin, pour apprécier une œuvre, de vérifier les expériences tactiles précédentes exercées sur elle, expériences qui sont les formes concrètes des représentations intra-utérines. Il est évident que cette pratique amène un perfectionnement du processus de transfert par lequel les sensations tactiles et gustatives se font éprouver visuellement. (Le plus subtil de ces transferts s'exerce sur les surfaces planes des tableaux, simulacres d'objets de sensation.) Ce qui distinguerait l'homme évolué du primitif, serait alors, sensiblement développée, sa faculté de transfert dont le rôle reste à étudier historiquement et, avant tout, le rôle de celle-ci dans l'élaboration de la métaphore. On peut atteindre à l'universalité dans ce domaine de la transposition en touchant ou en regardant la plus grande quantité d'objets, en éprouvant expérimentalement leur vertu évocatrice par rapport aux désirs obscurcis ou voilés par la conscience." (https://melusine-surrealisme.fr/henribehar/wp/?p=979)

[19]https://www.youtube.com/watch?v=zwLD5WWQptw

[20]Dans le cadre du lien entre dadaïsme et surréalisme, et des utilisations lingüistiques de l'avant-garde du jeu de mots, on notera que le porte-manteaux d'Ernst dans *C'est le chapeau qui fait l'homme*, que l'on retrouve dans *L'éléphant Célèbes*, comme les perches d'*Obstruction* de l'États-unien Man Ray peuvent renvoyer, par rapport encore aux anglicismes duchampiens, au *"portmanteau"* dans son acception anglophone:

"A portmanteau... or portmanteau word is a linguistic blend of words, in which parts of multiple words or their phones (sounds) are combined into a new word, as in smog, coined by blending smoke and fog, or motel, from motor and hotel. In linguistics, a portmanteau is defined as a single morph that represents two or more morphemes.

Origin
The definition overlaps with the grammatical term contraction, but contractions are formed from words that would otherwise appear together in sequence, such as do and not to make don't, whereas a portmanteau word is formed by combining two or more existing words that all relate to a singular concept. A portmanteau also differs from a compound, which does not involve the truncation of parts of the stems of the blended words. For instance, starfish is a compound, not a portmanteau, of star and fish; whereas a hypothetical portmanteau of star and fish might be stish. The word portmanteau was first used in this sense by Lewis Carroll in the book Through the Looking-Glass (1871),[10] in which Humpty Dumpty explains to Alice the coinage of the unusual words in "Jabberwocky", where slithy means "slimy and lithe" and mimsy is "miserable and flimsy". Humpty Dumpty explains to Alice the practice of combining words in various ways:
You see it's like a portmanteau—there are two meanings packed up into one word.
In his introduction to The Hunting of the Snark, Carroll uses portmanteau when discussing lexical selection:

Humpty Dumpty's theory, of two meanings packed into one word like a portmanteau, seems to me the right explanation for all. For instance, take the two words "fuming" and "furious." Make up your mind that you will say both words, but leave it unsettled which you will say first ... if you have the rarest of gifts, a perfectly balanced mind, you will say "frumious."

In then-contemporary English, a portmanteau was a suitcase that opened into two equal sections. The etymology of the word is the French porte-manteau, from porter, "to carry", and manteau, "cloak" (from Old French mantel, from Latin mantellum). In modern French, a porte-manteau is a clothes valet, a coat-tree or similar article of furniture for hanging up jackets, hats, umbrellas and the like.

An occasional synonym for "portmanteau word" is frankenword, an autological word exemplifying the phenomenon it describes, blending "Frankenstein" and "word".

Examples in English
Standard English
Formal

The original "Gerrymander" pictured in an 1812 cartoon. The word is a portmanteau of Massachusetts Governor Elbridge Gerry's name with "salamander."

Many neologisms are examples of blends, but many blends have become part of the lexicon. In Punch in 1896, the word brunch (breakfast + lunch) was introduced as a "portmanteau word." In 1964, the newly independent African republic of Tanganyika and Zanzibar chose the portmanteau word Tanzania as its name. Similarly Eurasia is a portmanteau of Europe and Asia.

Some city names are portmanteaus of the border regions they straddle: Texarkana spreads across the Texas-Arkansas border, while Calexico and Mexicali are respectively the American and Mexican sides of a single conurbation. A scientific example is a liger, which is a cross between a male lion and a female tiger (a tigon or tiglon is a similar cross in which the male is a tiger).

Many company or brand names are portmanteaus, including Microsoft, a portmanteau of microcomputer and software; the cheese "Cambozola" combines a similar rind to "Camembert" with the same mold used to make "Gorgonzola"; passenger rail company "Amtrak", a portmanteau of "America" and "track"; "Velcro", a portmanteau of the French "Velours" (velvet) and "Crochet" (hook); "Verizon," a portmanteau of "veritas" (Latin for truth) and "horizon"; and ComEd (a Chicago-area electric utility company), a portmanteau of "Commonwealth" and Edison (Thomas Edison).

"Jeoportmanteau!" is a recurring category on the American television quiz show Jeopardy!. The category's name is itself a portmanteau of the words "Jeopardy" and "portmanteau." Responses in the category are portmanteaus constructed by fitting two words together.

Informal

Portmanteau words may be produced by joining together proper nouns with common nouns, such as "gerrymandering", which refers to the scheme of Massachusetts Governor Elbridge Gerry for politically contrived redistricting; the perimeter of one of the districts thereby created resembled a very curvy salamander in outline. The term gerrymander has itself contributed to portmanteau terms bjelkemander and playmander.

Oxbridge is a common portmanteau for the UK's two oldest universities, those of Oxford and Cambridge.

A spork

Many portmanteau words receive some use but do not appear in all dictionaries. For example, a spork is an eating utensil that is a combination of a spoon and a fork, and a skort is an item of *clothing that is part skirt, part shorts. On the other hand, turducken, a dish made by inserting a chicken into a duck, and the duck into a turkey, was added to the Oxford English Dictionary in 2010.*

Similarly, the word refudiate was first used by Sarah Palin when she misspoke, conflating the words refute and repudiate. Though initially a gaffe, the word was recognized as the New Oxford American Dictionary's "Word of the Year" in 2010.

Brexit is a recent (2016) example, referring to Britain's planned exit from the European Union.

Business
The business lexicon is replete with newly coined portmanteau words like "permalance" (permanent freelance), "advertainment" (advertising as entertainment), "advertorial" (a blurred distinction between advertising and editorial), "infotainment" (information about entertainment or itself intended to entertain by virtue of its manner of presentation), and "infomercial" (informational commercial).

A company name may also be portmanteau (e.g., Timex is a portmanteau of Time (referring to Time magazine) and Kleenex) as well as a product name (e.g., Renault markets its Twingo, a combination of twist, swing and tango).

Non-standard English
Name-meshing
Two proper names can also be used in creating a portmanteau word in reference to the partnership between people, especially in cases where both persons are well-known, or sometimes to produce epithets such as "Billary" (referring to former United States president Bill Clinton and his wife, former United States Secretary of State Hillary Clinton). In this example of recent American political history, the purpose for blending is not so much to combine the meanings of the source words but "to suggest a resemblance of one named person to the other"; the effect is often derogatory, as linguist Benjamin Zimmer states. By contrast, the public, including the media, use portmanteaux to refer to their favorite pairings as a way to "...giv[e] people an essence of who they are within the same name." This is particularly seen in cases of fictional and real-life "supercouples". An early known example, Bennifer, referred to film stars Ben Affleck and Jennifer Lopez. Other examples include Brangelina (Brad Pitt and Angelina Jolie) and TomKat (Tom Cruise and Katie Holmes). "Desilu Productions" was a Los Angeles, California-based company jointly owned by couple and actors Desi Arnaz and Lucille Ball. Miramax is the combination of the first names of the parents of the Weinstein brothers. On Wednesday, June 28, 2017, The New York Times crossword included the quip, "How I wish Natalie Portman dated Jacques Cousteau, so I could call them 'Portmanteau'."

Holidays are another example, as in Thanksgivukkah, a portmanteau neologism given to the convergence of the American holiday of Thanksgiving and the first day of the Jewish holiday of Hanukkah on Thursday, 28 November 2013.

For the Disney film Big Hero 6, there is a location called "San Fransokyo", a fusion between San Francisco and Tokyo." (https://en.wikipedia.org/wiki/Portmanteau)

[21]https://www.metmuseum.org/art/collection/search/680681
[22]https://nicolegoestoschool.files.wordpress.com/2009/10/man-ray-1920-obstruction-fb_82_t.jpg
[23]*"Dans son atelier new yorkais, Marcel Duchamp a laissé la poussière s'accumuler sur une plaque de verre pendant des mois. Il a cultivé ce que d'ordinaire on efface, ce qui ne sert à rien et signale la négligence, la cécité ou la saleté. Cette année là, en 1920, Man Ray rend visite à Duchamp et photographie cet Elevage de poussière. Contrairement aux déchets, biens meubles abandonnés, la poussière ne peut être recyclée, reste exclue de tout cycle économique ou symbolique. Ultime trace de la décomposition de la matière, la poussière est associée, depuis le*

grand ménage hygiéniste du 19ème siècle, aux miasmes, aux maladies, à la saleté. Mais qui nettoie la poussière? L'élevage de poussière de Duchamp, considérée comme une œuvre complexe qui inspira Fluxus, l'Arte Povera et l'Art brut, peut être vue comme la conséquence de ce que l'artiste ne saurait faire: le ménage. Cette image peut aussi bien montrer le lien de l'artiste à la décomposition, l'invisible et la mort que son regard ironique sur les normes bourgeoises de la propreté." (https://genrecaredechets.wordpress.com/2016/06/10/elevage-de-poussiere-2/)

[24]http://www.tate.org.uk/art/artworks/man-ray-lenigme-disidore-ducasse-t07957

[25]https://en.wikipedia.org/wiki/Le_Retour_%C3%A0_la_Raison

[26]https://www.centrepompidou.fr/cpv/resource/coj4ME/rqK59L

[27]https://www.google.com.ni/search?biw=1366&bih=613&tbm=isch&sa=1&ei=IfgqWp37H8S MmQHuqIy4CQ&q=Charles+Fran%C3%A7ois+Jeandel&oq=Charles+Fran%C3%A7ois+Jeand el&gs_l=psy-ab.3..0.4655675.4655675.0.4656699.1.1.0.0.0.0.0.135.135.0j1.1.0....0...1c.2.64.psy-ab..0.1.134....0.S7CWj7LzhHM

[28] https://www.photo.rmn.fr/archive/14-518720-2C6NU0ALL1SBC.html

[29]http://www.musee-orsay.fr/en/collections/index-of-works/resultat-collection.html?no_cache=1&zoom=1&tx_damzoom_pi1%5Bzoom%5D=0&tx_damzoom_pi1 %5BxmlId%5D=023048&tx_damzoom_pi1%5Bback%5D=en/collections/index-of-works/resultat-collection.html%3Fno_cache%3D1%26zsz%3D9

[30]https://www.youtube.com/watch?v=mpr8mXcX80Q

[31]https://fr.wikipedia.org/wiki/Ghosts_Before_Breakfast

[32]https://www.youtube.com/watch?v=oeosT_6vG7g

[33]https://www.youtube.com/watch?v=V6bSygUuU9o

[34]Cf. notre ouvrage sur *Le Plaisir - La jeune fille mangeant un oiseau* (1927).

[35]https://www.nationalgalleries.org/art-and-artists/31078/katharina-ondulata

[36]"*Man Ray turned to making collages as a way of de-personalising art. This work was made during the early stages of New York Dada. The title means 'intricate' and 'curled', and the collage is composed of spiralling forms. The letters 'INV' and the 'O' beneath, combined with the cut-out metal lute, spell out the title in a visual pun. The long screw form on the left is echoed by the actual screw which holds the metal plate in place. The threads in a transparent wallet, tacked on to the picture, refer to the strings of the lute.*" (https://www.nationalgalleries.org/art-and-artists/805/involute)

[37]"*The precise meanings of many of Ernst's paintings are intentionally obscure. He was far more interested in poetic suggestion, mystery and ambiguity than in literal interpretations. This painting relates to another work called 'The Inquisitor: at 7.07am Justice Shall be Done'. A comparison between the two paintings shows that the bowler-hatted man is holding a female figure, whose breasts are clearly visible, but whose head has developed into a curved shape. While the man emerges out of an imposing block-like structure, the small female shape he gently holds resembles a metronome. On the left of the painting, Ernst has used the technique of grattage to create texture.*" (https://www.nationalgalleries.org/art-and-artists/498/le-grand-amoureux-i-great-lover-i)

[38]http://impressionnistes.canalblog.com/archives/2011/01/10/20093159.html

[39]https://www.pinterest.com/pin/363736107375641695/

[40]https://www.centrepompidou.fr/cpv/resource/cXbk9oR/rMexxga

[41]https://i.pinimg.com/736x/ba/ee/08/baee08a284d1008dd993856a649de287.jpg

[42]https://www.pinterest.fr/pin/254031235204913026/

[43]https://4.bp.blogspot.com/-ba3WD48MTpQ/U9YN4bPjnKI/AAAAAAAAMQI/HNuAOplUGCg/s1600/Ernst-ConstructedbyMinimaxDadamax.jpg

[44]https://www.centrepompidou.fr/cpv/resource/cnyGr8/rAR9z6

[45]http://surrealisme.skynetblogs.be/12-peintres-a-e/   et http://static.skynetblogs.be/media/2129/dyn002_original_359_520_pjpeg_2646967_bc0ff11c6bc 74da8f63b72dfb6f5a644.jpg

[46]https://www.centrepompidou.fr/cpv/resource/ckX4gLo/rMdXK7K

[47]https://fr.wikipedia.org/wiki/La_Naissance_de_V%C3%A9nus_(Cabanel)

[48]https://www.pinterest.fr/pin/363736107378251082/

[49]https://www.pinterest.fr/pin/363736107374950399/

[50]https://www.pinterest.fr/pin/363736107374950403/

[51]https://fr.wikipedia.org/wiki/%C3%89tant_donn%C3%A9s

[52]http://www.musee-orsay.fr/fr/collections/oeuvres-commentees/recherche/commentaire_id/lorigine-du-monde-125.html

[53]"*Cachez ce sexe… Le chef-d'œuvre maudit n'est plus dans la clandestinité depuis 1995 et son arrivée en fanfare au musée d'Orsay. Pendant cent trente ans, il n'a donc été dévoilé qu'à quelques initiés, selon le bon vouloir de ses propriétaires successifs. Tous ont fait de sa présentation à leurs amis un moment ritualisé. Un rideau vert pour le Turc Khalil Bey qu'il tirait devant ses invités, ou des tableaux «cache-sexe» installés devant l'œuvre de Courbet par le baron hongrois Ferenc Hatvany, puis pour le psychanalyste français Jacques Lacan, qui l'acquiert en 1955 et l'accroche (derrière une peinture abstraite réalisée par son ami André Masson) dans un vestibule. «Maintenant, je vais vous montrer quelque chose d'extraordinaire!» clamait Lacan à ses invités avant de lever le voile.*" (http://atelier.leparisien.fr/sites/histoire/2016/01/26/aux-origines-du-monde/)

[54]https://www.sitemed.fr/reves/8freud.htm#g

[55]"*Dans la rue comme dans le cantique*
Une grosse
Bonbon
Vêtue de blanc
Quand je joue un baiser déchiré" (Francis Picabia, *Poèmes et dessins de la Fille née sans mère 18 dessins - 51 poèmes*, Lausanne, Imprimeries Réunies S.A., 1918, p. 22)

[56]http://utpictura18.univ-montp3.fr/GenerateurNotice.php?numnotice=A6722   et
https://www.pinterest.fr/pin/520236194444297673/

[57]https://www.centrepompidou.fr/cpv/resource/cEzxRR/r88nM9p

[58]http://numelyo.bm-lyon.fr/f_view/BML:BML_02EST01000F17BOU005412

[59]Cf. à ce propos notre travail sur ce motif dans le film de Pedro Almodóvar: "*Carne Trémula*", *El Nuevo Diario*, 20/9/1998, p. 10.

[60]https://fr.wikipedia.org/wiki/Porte-bouteilles_(%C5%93uvre)

[61]https://www.pinterest.fr/pin/467811480030094935/?lp=true,
https://www.pinterest.fr/pin/567875834247823275/   et
https://www.pinterest.se/pin/565061084471766267/

[62]Cf. notre ouvrage, cité, sur Magritte.

[63]Cf. *ibid.*

[64]*Description des machines et procédés pour lesquels des brevets d'invention ont été pris sous le régime de la loi du 5 juillet 1844*, Paris, Imprimerie Nationale, 1850, T. I, p. 328.

[65]Rapports du jury mixte international: Exposition Universelle de 1855, Paris, Imprimerie Impériale, 1856, T. I, p. 651.

[66]http://www.cirk75gmkg.com/2015/06/une-soiree-au-nouveau-cirque-mardi-7-octobre-1890.html

[67]Cf. l'affiche: http://gallica.bnf.fr/ark:/12148/btv1b85297143/f1.item

[68]http://gallica.bnf.fr/ark:/12148/btv1b90131085

[69]Il nous semble ainsi devoir lire métaphoriquement, notamment pour le contexte, que nous citons ici, l'allusion à la tasse de chocolat dans *La comédie de notre temps (Deuxième série) Les enfants, les jeunes, les murs, les vieux - Études au crayon et à la plume par Bertall*, Paris, E. Plon et Cie, 1875, p. 90: "*J'ai pu faire dans mon pupitre une tasse de chocolat excellent, et notre pion, dont la figure se détire de jour en jour, n'a pas fait mine de s'en apercevoir. On ne récite pas les leçons, ou si on les demande par hasard, chaque élève peut parfaitement mettre son livre dans son képi, et on ne fait pas attention à ceux qui lisent. On ne donne plus guère de pensums. Tout se détend;*

on dirait une espèce de dégel. Je crois que les professeurs et les pions sont au moins aussi flattés que nous de voir arriver la débâcle, c'est-à-dire les vacances.
Moi, je passe ma vie à faire l'emballage de mes livres et de mes effets. Saint-Merlin, l'externe, a vendu l'autre jour les dictionnaires de notre ami Foucart. Ils étaient presque tout neufs; il nous a rapporté en échange F Affaire Clemenceau de Dumas fils. C'est rudement bien; il y a surtout une petite scène sur le bord de l'eau, je ne te dis que ça. Saint-Merlin nous a apporté encore: C'est dans le nez que ça me chatouille, la nouvelle œuvre du divin Blaquières. Ça vous a un rude chien! Le professeur de piano nous l'a fait déchiffrer en cachette; nous chanterons cela en chœur un de ces soirs au dortoir. Tous les cancres réunis en seront. Nous continuons à étudier avec soin le Dictionnaire de la langue verte."

[70]*"Anus: Bague, bagouse, chevalière, anneau, foiron, fignedé, oigne, oignon, oignard, trou de balle, trou de bise, trou du souffleur, trouffignon, trouffignard, rosette, entrée des artistes, pot, pot d'échappement, tuyau à gaz, rond, rondelle, rondibé, capsule, borgne, pièce de dix ronds, clignotant, mignonnet, chouette, échalote, zéro, pastille, turbine à chocolat, petit, ami fidèle, point noir, lucarne, vase, marrant, dos, oeillet, trèfle, coupe-cigare, petit, guichet, fignard, fignarès, figne:*
"Gn 'en a qu 'espèrent en eun justice.
D'aut's en la Gloir' (ça c'est un vice
Leur faut dans l' fign' trois plumes de paon!'"" (Robert Giraud, *L'Argot tel qu'on le parle: dictionnaire français-argot,* Paris, Jacques Grancher, 1981, p. 19)
"... sens interdit - le sifflard - le sonore - la tabatière - la terre jaune - la tirelire - le trèfle - le trésor - le trou d'Aix - le trou de balle - le trou de bise - le trou de fine - le trou de la lune - le trouduc' - le trou du cul - le trou du souffleur - le troufe - le troufignard - le troufignon - le troufion - la trousse - la turbine - la turbine à chocolat - le tuyau à gaz - le tuyau d'échappement - le vase - le zéro." (Gérard et Jean-Louis Gréverand, *Les portugaises ensablées: dictionnaire de l'argot du corps et des expressions courantes s'y rapportant,* Bruxelles, Duculot, 1987, p. 20)
Cf. aussi Alain Froment, *Anatomie impertinente: Le corps humain et l'évolution,* Paris, Odile Jacob, 2013, p. 192; et https://fr.wiktionary.org/wiki/turbine_%C3%A0_chocolat

[71]*"Turbine à chocolat Argot (anus) Pour la turbine reportez- vous à la définition du dictionnaire! Tony Duvert (L'île Atlantique): «Lui, il lui met sa biroute dans sa turbine* à chocolat, alors lui il a sa biroute en chocolat.»*
*pénis Variante: Turbine Tuyau d'échappement Argot (anus) Pierre Perret (Tonton Cristobal): «Je vais maintenant vous le décrire, il est petit, mignon, Il a le tuyau d'échappement plutôt près du gazon.»" (Dominique Fournier, *Au clair de la lune,* Paris, Le Petit Pavé, 2003, p. 196)

[72]*"L'argot se caractérise par le caractère obscène de son vocabulaire (turbine à chocolat, entrée des artistes, moutardier, œil de bronze, as de trèfle «anus»; boîte à ouvrage, chatte, lac, mille-feuille, moule, panier «sexe féminin»; pistolet à eau chaude, chauve à col roulé, cigare à moustache, clarinette baveuse, jean nu-tête «sexe masculin») ce qui peut être expliqué par la réaction inverse à la réaction bourgeoise «au lieu d'accepter l'indécence en émoussant les termes, l'argotier réagit par la bravade» (Dubois, Edeline, Klinkenberg, Minguet, Pire, Trinon, 1970: 92)."* (Olga Stepanova, *L'argot aux multiples visages dans le théâtre et le cinéma contemporains,* Paris, L'Harmattan, p. 24)

[73]*"En Espagne, la jicara de chocolate se sert le matin aux jeunes époux, comme chez nous autrefois le chaudeau, tasse de bouillon accompagnée de la rôtie. «Quand viendra, dit une chanson populaire, quand viendra ce jour, — Et cette heureuse matinée, — Où l'on nous apporta à tous deux — Le chocolat dans notre lit?»*
Cuándo llegará aquel dia
Y aquella feliz mañana,
Que nos lleven a los dos
El chocolate en la cama?" (Charles Davillier, *L'Espagne,* Paris, Librairie Hachette et Cie, 1874, p. 680)
[74]*Ibid.,* pp. 678-679.

[75]https://commons.wikimedia.org/wiki/File:Turbine_%C3%A0_chocolat.JPG
[76]https://www.nationalgalleries.org/art-and-artists/8581/fille-n%C3%A9e-sans-m%C3%A8re-girl-born-without-mother-about-1916-1917
[77]https://www.centrepompidou.fr/cpv/resource/crbjez/rgz6Xn6
[78]https://www.pinterest.fr/pin/245235142181308072/
[79]https://www.pinterest.fr/pin/535576580678951919/
[80]http://thephilograph.com/wp-content/uploads/2016/09/Le-passage-de-la-Vierge-%C3%A0-la-Mari%C3%A9e-1912-Marcel-Duchamp-1.jpg   et
http://mediation.centrepompidou.fr/education/ressources/ENS-Duchamp_peinture/#mecanique_viscerale
[81]http://mediation.centrepompidou.fr/education/ressources/ENS-Duchamp_peinture/#mecanique_viscerale
[82]https://www.pinterest.fr/pin/491244271834530052/
[83]https://fr.wikipedia.org/wiki/Nu_descendant_un_escalier
[84]https://www.pinterest.com/pin/391602130080314563/   et
https://upload.wikimedia.org/wikipedia/commons/c/c6/291-No9p23-Spread.jpg
[85]https://www.guggenheim.org/artwork/2602
[86]phlit.org/press/wp-content/uploads/2011/12/facile.pd
[87]http://aaaaaaaaaaaaaaaaaaaargh.blogspot.com/2017/03/1929-benjamin-peret-louis-aragon-man.html
[88]http://www.ventephotos.com/vente-de-livres-photo-ventephotos/3390-1929-benjamin-peret-louis-aragon-man-ray-paul-eluard-nouvelle-edition-de-juli-susin.html
[89]https://unamujerenpigallecom.wordpress.com/2016/11/28/nusch-eluard-la-belleza-fragil/
[90]http://www.guylevismano.com/local/cache-vignettes/L500xH500/5e9b63f6ec775181e11c8f288060cd66-a8ce0.jpg   et
http://www.achtung.photography/wp-content/uploads/2014/11/Man_Ray_Paul_Eluard_Facile_10.jpg
[91]http://www.sothebys.com/content/dam/stb/lots/L12/L12406/064L12406_6J8TH.jpg
[92]https://www.dia.org/art/collection/object/facile-poems-paul-%C3%A9luard-photographs-man-ray-58053
[93]https://art.famsf.org/sites/default/files/artwork/manray/1000010734240009.jpg
[94]https://www.lettresvolees.fr/eluard/mains_libres.html
[95]"*Si Éluard «illustre» bien les dessins des Mains libres, au sens où ses poèmes sont écrits après et d'après les dessins, il en est donc peut-être le premier inspirateur, conformément au rôle qu'il attribue au poète dans «L'évidence poétique»: «Le poète est celui qui inspire, plus que celui qui est inspiré».*

2. Elaboration du recueil

Comme le suppose Jean-Charles Gateau, c'est vraisemblablement dans le sillage de cette conférence, pendant l'été 1936, que l'idée du recueil a dû être arrêtée par les deux amis. La préparation de l'exposition et son séjour à Londres ont laissé Paul Éluard totalement exténué. Pour se reposer, il part à Saint-Raphaël avec Nusch. Il a invité Man Ray et son amie Adrienne Fidelin (sa première compagne depuis le départ de Lee Miller) à se joindre à eux. Tous s'installent dans le sud jusqu'au début du mois de septembre, d'abord à Saint-Raphaël, puis à Mougins, avec un court séjour à Saint-Tropez. Ils sont rejoints par Picasso, qui vient de rencontrer Dora Maar, et accueillent des amis de passage, comme le peintre anglais Roland Penrose. Une communauté d'artistes se trouve ainsi réunie, que Man Ray évoque, de façon plus ou moins fidèle, dans son Autoportrait:

«*Pendant les trois ans qui précédèrent la dernière guerre, nous nous retrouvions tous les étés sur les plages du Midi, comme une famille heureuse: moi et mon amie Adrienne, le poète Paul Éluard et sa femme, Nusch, Roland Penrose et sa future femme Lee Miller, enfin Picasso avec Dora Maar et son afghan, Kasbeck. Nous habitions tous à la pension des Vastes Horizons, dans la campagne de Mougins, au-dessus d'Antibes. Nous prenions nos repas sous une tonnelle de vigne. Le matin nous allions à la plage, nous déjeunions sans nous presser, puis nous nous retirions dans nos chambres pour faire la sieste, et peut-être l'amour. Mais nous travaillions aussi. Le soir, Éluard nous lisait son dernier poème, Picasso nous montrait un portrait de Dora aux yeux étincelants; quant à moi, je m'étais engagé dans une série de dessins extravagants mais réalistes, qui parurent plus tard dans un livre intitulé Les Mains libres, illustré par les poèmes de Paul Éluard. Quant à Dora, qui avait photographié Picasso à Paris pendant qu'il peignait Guernica, elle s'était mise à la peinture, contrairement à ce que prétend un biographe de Picasso, à savoir qu'un peintre, ayant vu l'œuvre de Picasso, avait abandonné ses pinceaux pour faire de la photographie.» (11)*

Jean-Charles Gateau a élaboré une chronologie vraisemblable de la suite des événements. En décembre 1936 ou janvier 1937, Man Ray confie à Éluard un lot de dessins dans lequel il a introduit des dessins antérieurs à l'été («Burlesque», «La glace cassée») et peut-être les portraits réalisés au début de l'année 1936. Si l'on se fie à une lettre «à H.» [Gala], une bonne part des poèmes a été écrite dans la première quinzaine de février 1937:

«Depuis que je suis rentré de Cannes, je travaille beaucoup. J'ai fait 40 poèmes pour illustrer des dessins de Man Ray.» Éluard publie dans la NRF du 1er avril 1937 douze des poèmes inspirés par les dessins de 1936. Man Ray remet ensuite à Éluard une quinzaine de dessins pour compléter le recueil. «L'attente», «L'arbre-rose», «La plage» et «Des nuages dans les mains» datent probablement du séjour d'Éluard et de Man Ray en Cornouailles, en juillet 1937, chez Roland Penrose. En août, les amis se retrouvent à Mougins, où ils retrouvent Picasso et Dora Maar. La rentrée de septembre voit la mise au point définitive du recueil.

C-Un hymne à l'amitié

Littéralement imprégné, donc, par l'atmosphère qui régnait pendant les étés 1936 et 1937, Les Mains libres s'offre comme une manière de journal, à quatre mains, de cette période estivale. Le recueil retrace en effet une sorte d'itinéraire méditerranéen, balisé par des toponymes précis: «Avignon» (p. 86-87), l'indication «Saint-Raphaël» qui figure sous le dessin intitulé «Les Tours d'Eliane» (p.110), ou encore «La plage» (p.84-85). A intervalles réguliers, le lecteur est invité à s'arrêter en chemin pour découvrir des monuments, comme le Fort Saint-André de Villeneuve-lès-Avignon, qui sert de modèle au château des «Tours d'Eliane» ou le château d'If, représenté dans le dessin éponyme (p.96). Certains dessins s'apparentent d'ailleurs à des photographies de guides touristiques, comme «Le tournant» (p.1), où se reconnaît le paysage que l'on voit de la corniche qui permet de rallier, en voiture, les villes du bord de mer, sur la côte d'azur. Enfin, la parenté du recueil avec le genre du journal est suggérée par Éluard dans le double poème «Avignon» qui enregistre, dans le style neutre de la notation, l'atmosphère d'un instant:

Nous ne sommes restés qu'un moment à Avignon.
Nous avions hâte d'arriver à l'Isle-sur-Sorgue
Où René Char nous attendait. (p.87)

Plus, toutefois, qu'à des lieux de villégiature, Les Mains libres rend hommage à ceux qui étaient présents, dans le Midi de la France, pendant ces deux étés 1936-1937. L'architecture d'ensemble du recueil invite en effet à le lire comme une sorte d'hymne à l'amitié, à la fois graphique et poétique. Ainsi, le frontispice représente une femme nue allongée sur un pont qui est, à l'évidence, celui de Saint-Bénezet, mieux connu sous le toponyme Pont d'Avignon. Or, l'image du pont marque, dès l'ouverture, la liaison symbolique qui permet le passage, ou, pour parler comme Éluard, la «suppression des distances»: du dessin au poème, d'un imaginaire à l'autre — mais peut-être avant tout d'un ami à l'autre. Car ce frontispice scelle non seulement l'amitié de Man Ray et Éluard, mais des deux artistes avec un troisième, René Char, poète résidant à L'Isle-sur-la-Sorgue, auquel rend hommage le poème «Avignon» déjà cité. Ce dessin ouvre donc le recueil sous le signe, entre autres, de l'amitié, amitié que célèbre de nouveau, à l'autre bout du volume, la section intitulée «Portraits».

Man Ray y recueille en effet les portraits de six amis: Adrienne Fidélin, sa compagne de 1934 à 1939, Nusch et Sonia Mossé, Picasso avec un nu de dos, André Breton, Paul Éluard de trois-quarts. Enfin, Man Ray s'est lui-même représenté, d'après un moulage de 1933, portant des lunettes en forme de fenêtres. Ce portrait sera repris en 1938 par Breton et Éluard dans le Dictionnaire abrégé du surréalisme, pour illustrer l'article «Fenêtre». D'autres portraits d'amis sont également glissés dans le corps du recueil, comme celui de Lee Miller, qui fut l'assistante et la compagne de Man Ray de 1929 à 1932, et qui sert vraisemblablement de modèle au dessin: «Le mannequin» (p.56). On reconnaît aussi Gala, l'ex-épouse d'Éluard, dans le visage représenté de profil dans «Les sens» (p.46). Enfin, il est possible que le personnage féminin représenté p.40, que Paul Éluard baptise de la simple initiale «J.» représente Jacqueline Lamba, l'épouse de Breton. Éluard a été le témoin de Breton lors de son mariage avec Jacqueline en août 1934, et Man Ray le photographe officiel de la noce. Lequel Man Ray a ensuite photographié Jacqueline à plusieurs reprises, dont au moins une fois nue. Dans cette hypothèse, le poème d'Éluard pourrait faire allusion aux objets que fabriquait Jacqueline, dont certains avaient été exposés à Londres. Cette importance de l'amitié est encore marquée dans le livre par l'ensemble constitué par le poème et le dessin intitulés «Les Amis» (p.120-121). Cet ensemble se distingue nettement du reste du recueil, puisque le texte d'Éluard est un poème en prose et que l'image répond à une esthétique totalement différente des autres dessins, qui sont réalisés sur fond blanc à l'encre de Chine, avec des traits souvent épurés. Celui-ci au contraire représente des objets assez grossièrement dessinés au crayon, qui se détachent sur un fond noir sans doute obtenu en étalant, au pinceau, de l'encre de Chine. L'effet produit n'est pas pour autant réaliste, mais donne plutôt l'impression d'une accumulation d'objets rassemblés de manière arbitraire, et représentés sans tenir aucun compte des lois de la physique. Et pour cause: chacun des objets figurant dans le dessin de Man Ray est la figuration symbolique d'un des «amis» annoncés par le titre, en rapport avec les surnoms qu'eux-mêmes se donnaient. Ainsi, le robinet en haut à gauche est le surnom que Picasso et les autres donnaient à Paul Éluard, le tuyau du premier plan représente Man Ray. L'écureuil est Valentine Hugo, le lion Picasso lui-même, la soupe à l'oignon représente Nusch."
(https://www.lettresvolees.fr/eluard/documents/Conference_Caron.pdf)

[96]*"Sur le panneau inférieur, on retrouve des techniques qu'il a introduites auparavant, notamment les Stoppages étalon, fils laissés tombés sur la toile et fixés tels quels, comme on les retrouve dans la toile Printemps (1911). Ces fils servent de gabarits pour déterminer la position des moules mâliques, déjà mis en oeuvre dans Neuf moules mâliques (1914). Ces moules représentent les célibataires, mâlique renvoyant à «caractéristiques du mâle». Les moules servent au moulage de neuf fonctionnaires mâles différents: un prêtre, un livreur, un gendarme, un cuirassier, un agent de police, un croque-mort, un laquais, un serveur de restaurant et un chef de gare."* (https://fr.wikipedia.org/wiki/Le_Grand_Verre#Description)

[97]https://www.lettresvolees.fr/eluard/boulestreau_1984.html
[98]https://www.lettresvolees.fr/eluard/fil_aiguille.html
[99]*Ibid.*
[100]Au contraire de celle qui voudrait y voir un couple: *"Mais le dessin de Man Ray pousse encore plus loin l'abstraction, puisque la forme humanoïde ne masque absolument rien, et semble appartenir pleinement, malgré son incongruité, au paysage qu'elle surplombe et sur le ciel duquel elle se détache de presque toute sa hauteur.*
De quelle forme s'agit-il? On peut tout à fait y voir un couple enlacé, une sorte de variante verticale de ces Amants qu'imaginait Man Ray dans les lèvres de Lee Miller, et que nous avons déjà signalés. Dans ce cas, le dessin peut évoquer l'universalité de l'amour et de ses déceptions; mais si c'est bien l'ombre de Lee Miller qui plane toujours sur ce paysage, on peut se demander si l'aiguille qui relie, autant qu'elle sépare, le couple enlacé n'a pas la fonction magique que pourrait lui donner un rituel vaudou." (Ibid.)
Notre interprétation est d'ailleurs confirmée par: *"Une spécialiste de Man Ray, Milly Heyd, professeur à l'Université hébraïque de Jérusalem, (qui) propose de son côté une interprétation bien plus originale: «Dans le dessin Fil et Aiguille de 1937, l'obsession de l'artiste à propos de*

son passé prend un tour personnel plus aigu. La combinaison de l'aiguille et du fil délimite et suggère une forme féminine. Or cette image est particulièrement saisissante, puisque la figure de la femme et sa coiffure rappellent la silhouette de la mère de l'artiste dans la photographie de famille présentée plus haut. Mais ici, l'artiste transperce l'image de sa mère avec l'aiguille. Man Ray n'indique pas explicitement qu'il associe sa mère à l'artisanat de l'habillement, à la différence de Gropper. Et pourtant, son humour mordant entrelace les deux, en identifiant le fil à l'image transpercée de la mère. Elle est devenue une figure cosmique: le paysage (ou le monde entier) est vu à travers sa silhouette. L'image reprend en la développant la Tapisserie de Man Ray, une œuvre de jeunesse, dans laquelle une forme humaine est suggérée par le patchwork. Dans Fil et aiguille cependant, l'artiste, en transperçant la figure maternelle, tente aussi d'exorciser le pouvoir magique qu'elle exerce sur lui: il s'agit pour ainsi dire de l'expression la plus éloquente de sa relation filiale ambivalente.» (traduit de l'anglais par A. Vinas)" (*Ibid.*)

[101]*"Most of those animals which are utilised as genital symbols in mythology and folklore play this part also in dreams: the fish, the snail, the cat, the mouse (on account of the hairiness of the genitals), but above all the snake, which is the most important symbol of the male member. Small animals and vermin are substitutes for little children, e.g. undesired sisters or brothers. To be infected with vermin is often the equivalent for pregnancy. -- As a very recent symbol of the male organ I may mention the airship, whose employment is justified by its relation to flying, and also, occasionally, by its form. -- Stekel has given a number of other symbols, not yet sufficiently verified, which he has illustrated by examples."* (https://books.eserver.org/nonfiction/dreams/chap06e)

[102]https://www.lettresvolees.fr/eluard/femme_poisson.html

[103]*Ibid.*

[104]Cf. notre ouvrage, déjà cité, sur *Le Plaisir*, notamment nos développements sur *La Reconnaissance Infinie.*

[105]Gaétan Brulotte, *Œuvres de chair: figures du discours érotique*, Paris, L'Harmattan et Les Presses de l'Université Laval, 1998, p. 209.

[106]Jean-Charles Gateau, *Paul Eluard et la peinture surréaliste: 1910-1939*, Genève, Librairie Droz, 1982, p. 132.

[107]https://www.pinterest.es/pin/471118811000368368/

[108]https://www.lettresvolees.fr/eluard/bronzes.html

[109]http://weimarart.blogspot.com/2010/12/redheads.html   et http://2.bp.blogspot.com/_Tyk2yoqzVkE/TQZFGppSosI/AAAAAAAACes/eAeJWvMx-hE/s1600/z.jpg

[110]https://commons.wikimedia.org/wiki/File:La_pri%C3%A8re_(mus%C3%A9e_Rodin)_(49210 58333).jpg

[111]*"Taillée dans la pierre et laissant apparentes les traces d'outils, La Cathédrale réunit en une même œuvre deux mains droites, appartenant à deux figures distinctes. Elle s'est intitulée L'Arche d'alliance avant de prendre le titre de Cathédrale, qui lui est sans doute donné au moment de la publication des Cathédrales de France par Rodin en 1914. L'espace intérieur qui se dégage de la composition permet d'y voir une correspondance avec l'architecture gothique.*
Le vide est une donnée avec laquelle Rodin a l'habitude de compter, et comme le souligne Rilke: «La participation de l'air avait toujours été d'une grande importance» pour lui (Rilke, 1928).
Cette œuvre, très proche du Secret, fait partie d'un ensemble de mains en marbre, taillées le plus souvent après 1900, comme La Main de Dieu, La Main du diable, Les Mains d'amants ou Main sortant de la tombe. Elle souligne le goût et la passion de Rodin pour cette partie du corps qu'il isole, à l'instar des fragments de sa collection d'antiques, pour lui donner une forme aboutie et une vie autonome." (http://www.musee-rodin.fr/fr/collections/sculptures/la-cathedrale)

[112]http://collections.musee-rodin.fr/fr/museum/rodin/le-secret/S.02500?anneeDeCreation%5B0%5D=1910&position=4

[113]https://fr.wikipedia.org/wiki/Apollon_et_Daphn%C3%A9_(Le_Bernin)

[114]https://ar.pinterest.com/pin/33988172171549340/

[115]https://www.lettresvolees.fr/eluard/histoire_science.html
[116]*Ibid.*
[117]https://www.pinterest.fr/pin/3940718400352547/
[118]https://www.pinterest.fr/pin/3940718400352545/
[119]https://www.pinterest.fr/pin/531213718525693920/
[120]Cf. respectivement "*Salvador Dalí*", *Nuevo Amanecer Cultural*, 6/8/2005, p. 10, et notre ouvrage sur *Le Plaisir*.
[121]https://www.pinterest.fr/pin/471470654713145181/
[122]https://www.pinterest.fr/pin/3940718399848918/
[123]Groupe *Dans l'Espace et Dans le Temps/ Les roses d'Ispahan* (cf. notre ouvrage sur *Le Plaisir*).
[124]https://i.pinimg.com/564x/13/40/7b/13407b69c8b271b24ab1edcf9bd39a16.jpg
[125]https://i.pinimg.com/736x/4d/8c/c1/4d8cc1a376ffbbc65e88406c8648d6ae--les-tours-man-ray.jpg
[126]Cf. notre ouvrage sur *Le Cri*.
[127]Gateau, p. 131.
[128]https://www.pinterest.fr/pin/573716440017027851/
[129]https://www.lettresvolees.fr/eluard/boulestreau_1996.html
[130]https://www.pinterest.es/pin/471118811000368368/
[131]https://www.pinterest.es/pin/471118811000306933/
[132]https://www.pinterest.es/pin/471118811000306941/
[133]https://www.pinterest.es/pin/471118811000306907/
[134]https://www.pinterest.es/pin/471118811000309996/
[135]https://www.pinterest.es/pin/471118811000309994/
[136]https://www.pinterest.es/pin/471118811000304477/
[137]François-Xavier Nève, *Minidico de linguistique et des langues*, Liège, Éditions du Céfal, 2003, p. 38.
[138]http://short-edition.com/fr/classique/guillaume-apollinaire/voie-lactee-o-soeur-lumineuse-2
[139]Martine Antle, Théâtre et poésie surréalistes, Vestavia Hills, Alabama, Summa Publications, Inc., 1988, p. 31.
[140]*Ibid.*
[141]http://lesbellesphrases.skynetblogs.be/les-beaux-vers/
[142]http://www.wikipoemes.com/poemes/gherasim-luca/la-voie-lactee.php
[143]Norge, *La langue verte: charabias et verdures*, Paris, Gallimard, 1954, p. 122.
[144]http://www.wikipoemes.com/poemes/georges-mogin/on-sonne.php
[145]https://fr.wikipedia.org/wiki/La_Voie_lact%C3%A9e_(film,_1969)
[146]Gateau, p. 126.
[147]*Paul Éluard,* Paris, Renaissance Du Livre, 2003, p. 51.
[148]Cf. en ce sens l'analyse linguistique de libération muette et d'explosion qui est faite de ces deux vers dans Gateau, p. 126.
[149]https://ar.pinterest.com/pin/587579082606180630/
[150]Cf. par ex. http://www.classicalart.org/blog/a-brief-history-of-perspective, https://www.idixa.net/Pixa/pagixa-0604140723.html et http://laperspective.canalblog.com/archives/2009/02/19/12616564.html
[151]https://fr.wikipedia.org/wiki/Hon/Elle
[152]https://ar.pinterest.com/pin/400046379370411056/
[153]https://www.pinterest.com/pin/256845984971049484/
[154]https://www.pinterest.com/pin/553168766711262597/
[155]http://laurencolbeck.blogspot.com/2011/01/
[156]https://fr.wikipedia.org/wiki/La_Raie_verte_(Matisse)
[157]https://www.pinterest.fr/pin/562387072204111490/
[158]http://laurencolbeck.blogspot.com/2011/01/
[159]https://dantebea.com/category/photographes/max-dupain/page/5/

[160]https://www.pinterest.com/pin/437904763742057401/

[161]https://www.mossgreen.com.au/m/lot-details/index/catalog/220/lot/77325/

[162]http://laurencolbeck.blogspot.com/2011/01/

[163]https://www.pinterest.com/pin/480900066443171905/

[164]https://za.pinterest.com/pin/86975836533039672/

[165]https://dantebea.com/category/photographes/max-dupain/page/5/

[166]Pour toutes les photographies non référencées en notes citées dans les antérieures parenthèses, cf. https://theartstack.com/search?utf8=%E2%9C%93&q=max+dupain

[167]https://www.opnminded.com/2014/05/07/fernand-fonssagrive-photographe-clair-obscur.html

[168]http://www.artnet.com/artists/herb-ritts/neith-with-shadows-front-poundridge-a-aK6h_Pp5fLtah-JwWpRBoQ2

[169]http://www.anneclergue.fr/lucien-clergue-portfolio-nus-zebres

[170]On citera, ainsi, aussi, le jeune photographe russe contemporain Mikhail Faletkin, cf. https://www.saatchiart.com/estetmf

[171]https://dantebea.com/category/photographes/max-dupain/page/5/

[172]https://theartstack.com/search?utf8=%E2%9C%93&q=max+dupain

[173]https://research.bowdoin.edu/surrealist-photography/2014/02/05/man-ray-space-writing-self-portrait-1935-2/

[174]https://www.lettresvolees.fr/eluard/mains_libres.html   et   http://annedijon-art-vie.blogspot.com/2012/02/light-painting.html

[175]http://annedijon-art-vie.blogspot.com/2012/02/light-painting.html

[176]Cf. notre ouvrage sur Mantegna.

[177]http://www.museosansevero.it/en/statues-and-anatomical-machines/statues-of-the-virtues/disillusion

[178]https://www.pinterest.com/pin/285486063856900934/

[179]https://www.moma.org/collection/works/46870

[180]https://photographiesurrealiste.files.wordpress.com/2013/02/jacqueline-godard-man-ray.jpg

[181]http://www.lesdoucheslagalerie.com/fr/artistes/presentation/2324/erwin-blumenfeld

[182]"*Noire et Blanche est une photographie réalisée par Man Ray en 1926. Elle représente Kiki de Montparnasse, les yeux fermés et le visage couché sur une table, dont la main gauche tient à côté d'elle un masque africain debout sur la table. Elle a été publiée pour la première fois le 1er mai 1926 dans la version parisienne du magazine Vogue sous le titre Visage de nacre et Masque d'ébène, puis en 1928 sous son titre actuel dans Variétés et dans Art et Décoration.*
Deux ans auparavant, en 1924, Man Ray avait déjà publié une photo similaire en couverture de 391, la revue dada de Francis Picabia. Celle-ci, intitulée Black and White, représentait deux statuettes, l'une africaine, l'autre classique. Noire et Blanche semble en être l'évolution." (https://fr.wikipedia.org/wiki/Noire_et_Blanche) Cf. la "*Variante pour Black and White, plaque de verre, ca. 1921*" (http://www.artsetsocietes.org/f/f-murphy.html); et, aussi, le portrait de *Simone Kahn*, épouse d'André Breton, posant avec une sculpture Vanautu (1927, https://tr.pinterest.com/pin/422564377522581487/).

[183]Dont on trouve une, évidemment, involontaire variante dans une ancienne photographie cirque d'une jeune femme à côté d'un zèbre, reproduite, par exemple, sur les sites: https://www.pinterest.fr/pin/90846117453334359/   et   http://4.bp.blogspot.com/-dFfnQQFczuo/UlLXl4HkC5I/AAAAAAAAAUM/vkhDLiw--UI/s1600/tumblr_mgoqmdIRE71s3u0fqo1_500.jpg

[184]https://www.pinterest.co.uk/pin/184366178465018599/

[185]http://www.phaidon.com/agenda/photography/picture-galleries/2010/august/17/fashion-photography-erwin-blumenfeld/

[186]http://www.artnet.fr/artistes/erwin-blumenfeld/nude-under-grid-a-pYulzzNiNUEXb_wSI_2TPw2

[187]https://ar.pinterest.com/pin/134615476334732572/

[188]http://www.artnet.fr/artistes/erwin-blumenfeld/lisette-behind-fluted-glass-new-york-a-EyHYexyAxiZ9-Qud-N3Mrg2

[189]http://www.artnet.fr/artistes/erwin-blumenfeld/water-effect-cover-study-new-york-a-W0nkR3XsCHq2Qn0jZOZ4og2

[190]http://www.artnet.fr/artistes/erwin-blumenfeld/untitled-a-ZxO5qM5Y-hEvBTKotmSo-g2

[191]http://www.artnet.fr/artistes/erwin-blumenfeld/nude-waving-behind-perforated-screen-a-InZz8l3y2KqwMqNPx29wug2

[192]http://www.artnet.fr/artistes/erwin-blumenfeld/shadow-profile-behind-veil-female-nude-a-i3K2FiJGMeFeaxEF0MYEOw2

[193]http://www.artnet.fr/artistes/erwin-blumenfeld/daytons-a-E1-N09cshF4zi1SkJYestQ2

[194]http://www.artnet.fr/artistes/erwin-blumenfeld/fashion-montage-new-york-a-hOjpF3386ckBlOZAgm0lpA2

[195]http://fr.wahooart.com/@@/8XYU9A-Rene-Magritte-le-plaisir-Principe-(-portrait-de-edward-james-)

[196]Cf., de nouveau, notre ouvrage sur cette oeuvre.

[197]https://distorteduniverse.wordpress.com/portfolio/from-surrealism-to-fashion-royalty-erwin-blumenfeld/016-erwin-blumenfeld-theredlist/

[198]https://www.pinterest.com/pin/224757837625352372/

[199]https://makridisgeorge.files.wordpress.com/2016/10/97f93c52dd43511fe6409c62f4560f7d.jpg?w=259&h=316,

https://i.pinimg.com/originals/d6/7d/67/d67d67e91eb3296b821aa739167bec21.jpg,

https://www.pinterest.fr/pin/385550418071339190/;

http://www.artnet.com/WebServices/images/ll595517llgTEeR3CfDrCWvaHBOAD/erwin-blumenfeld-wet-silk.jpg   et

https://makridisgeorge.files.wordpress.com/2016/10/53cd0f188545c1bd94f013e2aca80d0f.jpg?w=677&h=445; ce qui nous renvoie, de nouveau, à l'iconographie moderne des Vices et des Vertus, telle que nous l'étudions dans notre ouvrage sur Mantegna, mais aussi aux corps voilés par des linges de Magritte, qu'à leur tour nous évoquons, après tant d'autres, dans notre autre ouvrage sur ce dernier.

[200]https://makridisgeorge.files.wordpress.com/2016/10/39944802b62bd4e286aa3275858fa5aa.jpg?w=236&h=329;

https://makridisgeorge.files.wordpress.com/2016/10/9a671f1fb72f32b2d3e7b5d93037ad1e.jpg?w=227&h=321;

https://makridisgeorge.files.wordpress.com/2016/10/3c39baebbbbc7f68f8bdf1a6451c55b9.jpg?w=314&h=439

[201]https://i.pinimg.com/236x/f1/b2/93/f1b293d5b2e34e504f7a6b0d4b386f5e--photography-portraits-self-portraits.jpg;

https://i.pinimg.com/236x/42/c8/c4/42c8c484a260d07f292d2383aeacbc4f--photography-portraits-surrealism-photography.jpg;

https://i.pinimg.com/originals/61/7e/2f/617e2f1410e80674b5c0f736b032h571.jpg

[202]https://makridisgeorge.files.wordpress.com/2016/10/496392ef43585c1e2275a57305544a51.jpg?w=525&h=661

[203]Outre   les   photographies   déjà   citées   en   ce   sens,   cf.   aussi https://makridisgeorge.files.wordpress.com/2016/10/7311cca862662b7c774081aaa02743eb.jpg?w=334&h=426   et

https://makridisgeorge.files.wordpress.com/2016/10/08f2ee1e520d870283b9f50d5a56401e.jpg?w=335&h=436

[204]https://makridisgeorge.files.wordpress.com/2016/10/69138af4a8e5fa723be48ecd7f33f448.jpg?w=236&h=320;

https://makridisgeorge.files.wordpress.com/2016/10/57686fe886c2afb3a3891007c9d1188e.jpg?w=241&h=320

[205]https://www.pinterest.com/pin/383157880776853311/

[206]https://makridisgeorge.files.wordpress.com/2016/10/735fe03e873acd1d12ee9048b1b624eb.jpg?w=471&h=735;
https://makridisgeorge.files.wordpress.com/2016/10/2453f55473ad9bf0f53a82151260f275.jpg?w=251&h=317
[207]https://makridisgeorge.files.wordpress.com/2016/10/57738a81be9a623431d23e3874f840dc.jpg?w=251&h=320
[208]https://makridisgeorge.files.wordpress.com/2016/10/90ea1c12d9f9046a77a20afb5dd0f923.jpg?w=334&h=423;
https://makridisgeorge.files.wordpress.com/2016/10/2c7989de7baf107236ddb95646cae4b2.jpg?w=244&h=315; https://www.pinterest.fr/pin/385550418071339189/
[209]https://makridisgeorge.files.wordpress.com/2016/10/0dc86a391066dec5f6d33f5538cee47c.jpg?w=247&h=315
[210]https://makridisgeorge.files.wordpress.com/2016/10/960bfb60ad87a5ea46c9f35b11ca25fe.jpg?w=248&h=317
[211]https://makridisgeorge.files.wordpress.com/2016/10/609be5a22cf8c7f56daaafb2a63c39e2.jpg?w=521&h=735
[212]https://makridisgeorge.files.wordpress.com/2016/10/832cc4d5ffe2fb907ec70a96d38feca6.jpg?w=251&h=317
[213]https://www.pinterest.co.uk/pin/364228688585405789/,
https://www.pinterest.com/pin/232005818284935474/
[214]Cf. les quatre premières photographies de http://blackieloveless.tumblr.com/page/53
[215]https://ar.pinterest.com/pin/525724956492101781/
[216]https://www.gonzoo.com/creadores/story/man-ray-un-espiritu-liebre-1670/
[217]https://www.pinterest.com/pin/790311434581991536/
[218]https://makridisgeorge.files.wordpress.com/2016/10/6b17172ced27169e187fca37824fe38a.jpg?w=500&h=697;
https://makridisgeorge.files.wordpress.com/2016/10/78e8331f48553d98221b885fdea89f10.jpg?w=204&h=362
[219]Que, probablement sans le vouloir, Claire Louriat (https://www.pinterest.at/pin/333899759848994059/) dialectise, dans un cadre féministe (par rapport au même geste dans le dessin cité de Daniel Jacob, où le personnage, dont nous ne sommes d'ailleurs pas sûr qu'il soit féminin [pour l'avant-bras plutôt musclé qu'il présente] aux cheveux ébouriffés porte sa main, en invocation rituelle ou de colère, ou les deux à la fois, devant sa bouche), ce grattement de gorge, asexué (réflexif, d'un modèle, quand même, notons-le, photographié jusqu'au-dessus, à peine, de la bouche aux lèvres amples, donc encore d'une objectualisation paradoxale du féminin), par opposition à la sexualité orgasmique de L'évidence.
[220]https://i.pinimg.com/736x/dd/75/25/dd75256f271672dd50d1b372f0f11604--conceptual-photography-artistic-photography.jpg
[221]http://www.artnet.fr/artistes/erwin-blumenfeld/nude-under-wet-silk-paris-a-nU2gNC8H5-ZG-KRMo0x_Ug2
[222]http://www.artnet.fr/artistes/erwin-blumenfeld/hair-a-xJ-OwHo5U0f8_MG6L10mEQ2
[223]https://theartstack.com/artist/max-dupain/nude-sunlight-1937
[224]http://www.dw.com/de/the-radical-eye-moderne-fotografie-aus-der-sammlung-von-sir-elton-john-in-der-tate-modern/a-36344022
[225]https://www.universalis.fr/encyclopedie/rebecca-horn/1-outils-masques-et-machines/
[226]En cela ses propos ouvertement diffamatoires sont, freudiennement parlant, très révélatrices contre les artistes dont il s'inspire (et en outre ami, dans le cas de Francis Picabia, dont il possédait une impressionante collection d'oeuvres de 80 oeuvres, cf. le *Catalogue des tableaux, Aquarelles et Dessins par Francis Picabia Appartenant à M. Marcel Duchamp et dont la Vente aux enchères publiques aura lieu à Paris, Hôtel Drouot, Salle No 10 le lundi 8 mars 1926, à deux heures très précises - Me Alph. Bellier, Commissaire-Priseur, 1, Pace Boiëldieu, Paris (2ème) - Exposition publique le dimanche 7 mars 1926, de 2 à 6 heures*, Paris, Alph. Bellier, 1926, catalogue dont la

couverture, la sélection des pages, les dessins et la maquette sont attribués à Duchamp, cf. Francis M. Naumann, *Marcel Duchamp L'art à l'ère de la reproduction mécanisée*, Paris, Hazan et Éditions Fonds Mercator, 1999, Fig. 107 p. 105; "*Plaquette in-8 agr., 28 p. sur papier couché, 80 lots décrits, 14 œuvres reproduites. Sur une maquette de Duchamp. Complet du feuillet 80 Picabias [sic] sur papier vergé dans lequel Duchamp, signant Rrose Sélavy, retrace l'évolution stylistique de Picabia, son vieux complice dans cette vente montée d'un genre nouveau: Avec l'argent hérité de ses parents, Duchamp décida de faire quelques investissements calculés sur le marché de l'art. En janvier 1926, il acquit ainsi, directement auprès de l'artiste, quatre-vingt toiles, dessins et aquarelles de Picabia./ Les œuvres sélectionnées étaient censées représenter toutes les phases de sa production. [...] Les œuvres furent acquises avec le projet bien arrêté de les vendre ensuite dans une vente aux enchères [...]./ Il semble que le catalogue de vente [...] ait été intégralement l'œuvre de Duchamp lui-même. Un graphisme différent pour chaque chapitre permettait de différencier les différentes phases de l'œuvre de Picabia. Il en résulta une publication d'allure résolument non conventionnelle, bien loin des catalogues accompagnant alors - et aujourd'hui encore - les ventes de Drouot. La vente aux enchères connut un grand succès et dégagea des bénéfices substantiels.*", https://www.auction.fr/_fr/lot/catalogue-3521419#.WprSvuhubIU). En effet: "*In this aspect of his thought about art perhaps we must single out Duchamp's attitude to Courbet. On the one hand he seems to abhor Courbet's realism ("abominables fourrures abominables" seems a firm refusal statement towards the hair flourishing on French nudes, begun with Gericault The Raft of the Medusa, passed trough the armpits of Delacroix Liberty leading the People, culminated in the thick hair of Courbet's The Origin of the World), but certainly Duchamp agreed totally with the thought of the realism Master upon the need of placing painting, and art in general, in the time in which it lives. He agreed also upon the artist training, that must not be done through schools but directly through the knowledge of past Masters. We recall, on this subject, one of Duchamp's installation at the Surrealist exhibition in 1947. He resolved to carry out the Soigneur de Graviti: he arranged in a one meter side cubic box a small table on which a little ball was fixed. Below, afer a repthmer (smoothing-iron), with the inscription À REFAIRE LE PASSÉ" (to remake the past); an allusion to the global meaning of the Large Glatt., mechanism, which takes the past and elaborates it again to get (to remake) something new, something different from what it was fed of. At the time, Courbet's painting had been an insult to the visual habits of the Parisian public, so that some of his works were thrown on dailies and were explained in satiric cartoons emphasizing formal defects, or better those which were defects in his contemporaries' eyes. It is impossible that Duchamp did not appreciate his audacity. On the other hand Duchamp sometimes pretended to speak ill of the artists he admired. Typical is the case of some among his writings, apparently defamatory, about his great friend and nearly brother Picabia. In an interview we find an illuminating sentence: "The modern artist must hate Picasso in order to make something new, just as Courbet hated Delacroix. The son must hate the father in order to be a good son. Such hatred seems to be the only means of producing that necessary reaction against the achievements of the previous period. You don't see anything of Delacroix in Courbet, nor sight of Ingres in Delacroix" (see Laurie Eglington, "Marcel Duchamp, back in America, Gives interview", Art News, November 1933). Duchamp did not trust psycho-analysts, perhaps, but certainly had understood the meaning of psycho-analysts very well; in this case too, the hate is only the other side of love.*" (Paola Magi, *Treasure Hunt with Marcel Duchamp*, Milan, Edizioni Archivio Dedalus, 2011, note 336 pp. 217-218)

[227]https://www.pinterest.com/pin/314900198920692170/
[228]https://fr.wikipedia.org/wiki/L%27Homme_en_mouvement
[229]https://www.pinterest.fr/pin/118219558940177646/
[230]https://en.m.wikipedia.org/wiki/File:Umberto_Boccioni,_1913,_Synth%C3%A8se_du_dynamisme_humain_(Synthesis_of_Human_Dynamism),_location_unknown,_destroyed.jpg
[231]"*Spiral Expansion of Muscles in Action, plaster, photograph published in 1914 and 1919, in Cubists and Post-Impressionism, by Arthur Jerome Eddy, and exhibited at Erster deutscher Herbstsalon, Berlin 1913, Herwarth Walden, titled Spiralförmige ausdehnung von muskeln in*

bewegung. Published 1913 catalogue by Der Sturm in Berlin"
(https://en.m.wikipedia.org/wiki/Umberto_Boccioni)
[232]http://www.museoreinasofia.es/en/collection/artwork/objet-dard-dart-object
[233]https://www.centrepompidou.fr/cpv/resource/crbXE6L/rEK5ke
[234]http://3.bp.blogspot.com/-
5OaeQy0WuDk/VKniVH_kiVI/AAAAAAAABUg/EGLV2DGiVUw/s1600/P13-
0803_9725_blowup.jpg
[235]https://www.1stdibs.com/art/photography/black-white-photography/edward-steichen-nude-cat-
from-camera-work-vol-2-page-39/id-a_36241/
[236]*"The noun pussy meaning "cat" comes from the Modern English word puss, a conventional name
or term of address for a pet cat. The Oxford English Dictionary (OED) says that cognates are
common to several Germanic languages, including Dutch poes and Middle Low German pūse,
which are also used to call a cat. The word puss is attested in English as early as 1533. Earlier
etymology is uncertain, but similar words exist in other European languages, including Lithuanian
puižė and Irish puisín, both traditional calls to attract a cat.*

*The words puss and derived forms pussy and pusscat were extended to refer to girls or women by
the seventeenth century. This sense of pussy was used to refer specifically to genitalia by the
eighteenth century, and from there further extended to refer to sexual intercourse involving a
woman by the twentieth century.*

*Noah Webster, in his original 1828 American Dictionary of the English Language, defined pussy
as: "inflated, swelled; hence, fat, short and thick; and as persons of this make labor in respiration,
the word is used for short breathed". He gave pursy as a "corrupt orthography" or misspelling of
pussy. In 1913, however, Webster's Revised Unabridged Dictionary reversed the original,
suggesting that pussy was a "colloquial or low" variant of pursy. That word, in turn, was defined
as "fat and short-breathed", with etymology from Old French pousser "to push".*

*The Webster's Third International Dictionary points out similarities between pussy in the sense of
"vulva" and Low German or Scandinavian words meaning "pocket" or "purse", including Old
Norse pūss and Old English pusa.*

*The medieval French word pucelle, meaning "maiden" or "virgin", is not related to the English
word. It is attested in Old French from the ninth century, and likely derives from Latin. The precise
Latin source is disputed, with either puella "girl" or pulla "pullet, young female chicken" suggested
as earlier sources.*

*As a homograph, pussy also has the meaning "containing pus"; with this meaning, the word is
pronounced / pʌsɪ /, while the other forms are all pronounced / pʊsɪ /. Another adjective is the rare
or obsolete Northern English dialect form pursy meaning "fat" or "short-winded".*

*Meanings of the verb relate to the common noun senses, including "to act like a cat", "to act like
a coward", or "to have sex with a woman". Adjective meanings are related to the noun."*
(https://en.wikipedia.org/wiki/Pussy#Etymology)
[237]https://en.wikipedia.org/wiki/Princess_X et http://www.themilanese.com/?p=9708
[238]https://en.wikipedia.org/wiki/File:Marcel_Duchamp_Mona_Lisa_LHOOQ.jpg
[239]http://sebastienrongier.net/spip.php?article226
[240]*"Tentant tardivement de préciser quand, en 1919, a été "fait" L.H.O.O.Q., Marcel Duchamp
fournira deux dates: au début 1953, dans ses entretiens avec Sidney, Harriet et Carroll Janis, il
dira décembre; en juin 1966, dans ses entretiens avec Pierre Cabanne, octobre.*

*Ceci, autant en regard des faits rapportés que de la lecture qu'on peut en faire, n'est pas sans
conséquence.*

*Du début août au 27 décembre 1919, en effet, Duchamp habite, avenue Charles-Floquet (Paris
7e), chez Francis Picabia et Gabrielle Buffet (cette dernière enceinte d'un quatrième enfant de
lui, qui naît le 15 septembre). Picabia, lui, a emménagé depuis quelques jours ou semaines déjà
rue Émile-Augier (Paris 16e), chez Germaine Everling, sa maîtresse (également enceinte de lui,
et dont l'enfant naîtra le 5 janvier 1920). Il faut déduire de cette situation particulière que, durant
ce séjour de presque cinq mois, les contacts Duchamp-Picabia n'ont été que très épisodiques,*

sinon inexistants (sauf, selon toute vraisemblance, vers la fin du séjour), cela permettant d'
"expliquer" pourquoi L.H.O.O.Q. n'est pas publié dans les n 9 (novembre 1919), 10 (décembre
1919) ou 11 (février 1920) de 391, la revue de Picabia, mais bien, dans une version Picabia
intitulée Tableau dada par Marcel Duchamp, dans le n 12 (mars 1920). Michel Sanouillet ajoute
sur ce point une précision: "Picabia lui demanda par lettre l'autorisation de "refaire" une
Joconde pour 391, autorisation qui fut naturellement accordée. Mais Picabia, qui n'avait conservé
de l'oeuvre de Duchamp qu'un souvenir imprécis, se borna à dessiner la moustache." Picabia, en
effet, ne reprend sur le coup que "L.H.O.O.Q.", l'inscription qui deviendra le titre du readymade,
l'inscrivant à son tour, verticalement et sans les points, sur l'une de ses toiles, Le double monde,
datée de [décembre] 1919 et exhibée sur scène par André Breton lors du Premier vendredi de (la
revue) Littérature, le 23 janvier 1920, première manifestation de Dada à Paris.
À cause de son titre (Tableau dada par Marcel Duchamp), la version Picabia passera pour
l'original pendant plusieurs années, cet original n'étant montré pour la première fois qu'en mars
1930 à Paris, en même temps qu'une réplique agrandie (faite fin janvier ou début février 1930),
lors de l'exposition intitulée La peinture au défi et préfacée par Aragon." (http://toutfait.com/cinq-petites-choses-a-propos-de-l-h-o-o-q/)
"L'origine plastique de L.H.O.O.Q. a été longuement discutée. L'absence de source décisive
convoque alors de multiples hypothèses. Lorsque Duchamp revient à Paris en 1919, il s'installe
chez Picabia, où il fréquente le groupe des jeunes dadas français. En 1919, Duchamp réalise
L.H.O.O.Q. tandis qu'en janvier 1920 (le 23), Picabia expose Le double monde portant
l'inscription «LHOOQ». Le 27-29 mars de la même année paraît le numéro 12 de la revue de
Picabia 391 avec en couverture L.H.O.O.Q. de Duchamp.
Michel Sanouillet pense que l'origine du calembour est à chercher du côté de Picabia. L'auteur
de Dada à Paris rappelle que Le double monde est achevé en 1919 alors que Duchamp habite
chez Picabia. L.H.O.O.Q. serait apparu à la même époque sous l'influence de Picabia. Marc Le
Bot et Timothy Binkley soutiennent la même thèse mais l'auteur anglo-saxon mélange les
différentes versions. Quant à Fernand Drijkoningen, il estime que Picabia cite Duchamp mais ce
commentateur commet des erreurs de dates, ce qui réduit la portée de son affirmation.
En revanche, pour Robert Lebel comme pour Carole Boulbès, la paternité du calembour est
duchampienne." (http://sebastienrongier.net/spip.php?article226)

[241] https://en.wikipedia.org/wiki/L.H.O.O.Q.

[242] https://www.centrepompidou.fr/cpv/resource/crgG8za/rpbEq5A

[243] Cf. notre ouvrage sur cette pièce musicale.

[244] Cf. *ibid.*

[245] https://en.wikipedia.org/wiki/Album_primo-avrilesque

[246] https://commons.wikimedia.org/wiki/File:Brooklyn_Museum_-_The_Coffee_Grinder_%28Le_Moulin_%C3%A0_Caf%C3%A9%29_-_Juan_Gris.jpg

[247] http://data.abuledu.org/wp/?LOM=7345

[248] http://www.museoreinasofia.es/en/collection/artwork/moulin-cafe-coffee-grinder

[249] https://www.centrepompidou.fr/cpv/resource/cbLy77k/rbqKnLA

[250] Cf. notre travail sur *La merde de l'artiste*, dans notre recueil: *La representación: Problema iconográfico central del Arte Contemporáneo*, pp. 114-224, *Revista Katharsis*, Universidad de Málaga, No 11, Janvier-Avril 2012, Edición especial Artículos y Ensayos.

[251] http://www.tate.org.uk/art/artworks/duchamp-the-bride-stripped-bare-by-her-bachelors-even-the-green-box-t07744

[252] http://www.tate.org.uk/art/images/work/T/T07/T07744_141668_10.jpg où il est présenté vers le haut, inversement à http://www.toutfait.com/issues/volume2/issue_5/articles/powers/powers3.html, Fig 27, et à la couverture de John Golding, *Marcel Duchamp: The Bride Stripped Bare by Her Bachelors, Even*, New York, Viking, 1972.

[253] Marcel Duchamp, *Notas*, introduction de Gloria Moure, trad. de María Dolores Díaz Vaillagou, note 121 p. 96, et reproduction p. 98.

[254]https://www.guggenheim.org/artwork/3409

[255]http://391.org/dada-archive.html

[256]http://www.citrinitas.com/history_of_viscom/images/avantgarde/391-2-1.jpg

[257]http://www.citrinitas.com/history_of_viscom/images/avantgarde/391-2.jpg

[258]https://upload.wikimedia.org/wikipedia/en/b/b6/Francis_Picabia%2C_Flamenca%2C_391%2C_n._3%2C_March_1%2C_1917.jpg

[259]http://www.booktryst.com/2011/07/391-rare-and-always-provocative-art.html

[260]https://www.pinterest.fr/pin/330451691398678562/

[261]http://genevieveblons.blogspot.com/2017/04/fontaine-de-marcel-duchamp-cent.html

[262]Si, curieusement, les auteurs insistent beaucoup sur le miroir dans cette oeuvre (Herman Parret, "*Le corps selon Duchamp*", *Protée théories et pratiques* sémiotiques, Vol. 28, No 3 *Mélancolie entre les arts*, Hiver 2000-2001, pp. 89-114; Pilar Parcerisas, *Duchamp en España Las claves ocultas de sus estancias en Cadaqués*, Barcelone, Siruela, 2009, p. 98; Yiannis Toumazis, "*La mythologie hermétique d'Étant Donnés: 1° la chute d'eau, 2° le gaz d'éclairage*", *Art et Mythe*, Presses universitaires de Paris Nanterre, 2011, pp. 99-112), on notera qu'en fait il s'agit, dans l'"*Original painting from the deluxe edition of De ou par Marcel Duchamp ou Rrose Sélavy (Boîte-en-valise)*", d'un "*Pencil on paper with collage of a circular mirror covered by a circular cutout of black paper, mounted under Plexiglas*" (Michael R. Taylor, "*Marcel Duchamp: Étant donnés - The Genesis, Construction, Installation, and Legacy of a Secret Masterwork*", *Marcel Duchamp: Étant donnés*, Philadelphia Museum of Art & Yale University Press, 2009, pp. 45-54, http://www.golob-gm.si/33-genesis-of-duchamp-s-collage-in-the-manner-of-delvaux.htm, légende de la Fig. 1-A7)

[263]Cf. par ex. la note de 1912 *MOAGBZEDSOSLARENU Et moi j'ai baisé des...*, http://art.rmngp.fr/fr/library/artworks/marcel-duchamp_moagbzedsoslarenu-et-moi-j-ai-baise-des_papier_crayon-a-bille_1912

[264]https://www.metmuseum.org/art/collection/search/261000

[265]http://archives-dada.tumblr.com/tagged/Francis-Picabia

[266]"*Qui, en 1948, regarde? Est-ce le nu au bras allongé, à la main fermée et au poignet recourbé, comme si cette main tenait un miroir, qui se regarde? Est-ce Hélène Hoppenot, amie de Mary Reynolds (et, indirectement, de Marcel Duchamp), et Henri Hoppenot, ambassadeur de France en Suisse, regardeurs à qui est réservé l'exemplaire de luxe no XVIII /XX de la Boîte-en-valise dans lequel est ajouté Réfection à main, dessin d'un miroir rond (en creux) et d'une main? Regard interne ou regard externe? Ou regard double, proprement réflexion, mixte de français (réflexion à main) et d'anglais (a main reflection), mixte d'image reflétée ou de lumière réfléchie et de retour de la pensée sur elle-même? Le lien, par la main, du nu et du dessin laisse entendre que, dans le placement des choses et des gestes, Duchamp, en 1948, en est là: «On peut voir regarder.» De 1947 ou 1948 (moulage du corps de Maria) à 1952 (moulage de l'avant-bras et de la main gauches d'Alexina), l'intégration des empreintes corporelles des deux femmes au mannequin se fait, le pa&tage de l'une à l'autre a lieu. Et le redressement de l'avant-bras, désormais, permet non seulement l'étendue du corps sur des branches d'orme, mais aussi l'abandon du point de relais (le miroir) au profit du point de départ (le gaz d'éclairage). La verticalité des deux-points mais aussi celle des 1o et 2o dans le titre définitif s'opposera à l'horizontalité des deux trous dans la porte mais aussi du nu derrière la porte, façon de désigner dans l'écrit le retournement de ce qui est dans le pictural.*" (*Cahiers du Musée national d'art moderne*, No 75, Centre Georges Pompidou, 2001, p. 89)

[267]https://i.pinimg.com/564x/53/0a/3e/530a3c902b0f12b942f418eb9f067a6f.jpg

[268]https://www.pinterest.fr/pin/373235887853622710/

[269]"*Tristan Tzara, de son vrai nom Samuel Rosenstock, né le 16 avril 1896 à Moineşti, Roumanie, et mort le 25 décembre 1963 à Paris, est un écrivain, poète et essayiste de langues roumaine et française et l'un des fondateurs du mouvement Dada dont il sera par la suite le chef de file.*
.../...

Naissance du mouvement Dada
Il a participé à la naissance du mot «Dada» à Zurich et a été le plus actif propagandiste du mouvement. La légende veut que Tzara et Huelsenbeck aient glissé un papier au hasard dans un dictionnaire Larousse, qui serait tombé sur le mot Dada, donc choisi comme nom du mouvement. Huelsenbeck, autre fondateur du mouvement dada, prétend en 1922, dans son histoire du dadaïsme, que Tzara n'a jamais été dadaïste (ce qui s'explique par la rivalité qui régulièrement les opposera), tandis que certains poètes contemporains voient en Tzara le chef de file de l'art nouveau.
S'ouvre une galerie Dada, où Tzara prononce des conférences sur l'art nouveau, et notamment l'art abstrait. Il publie également quatre livraisons de la revue Dada, qui obtient rapidement une audience internationale.
Il a écrit lui-même les premiers textes «Dada»:
La Première Aventure céleste de Mr Antipyrine (1916),
Vingt-cinq poèmes (1918),
et Sept manifestes Dada (1924), recueil de manifestes lus ou écrits entre 1916 et 1924.

Paris
André Breton, Philippe Soupault et Louis Aragon sont enchantés par les poèmes de Tzara, qu'ils ont lus à Paris dans les revues SIC et Nord-Sud, mais aussi dans les revues Dada. Ils entrent en correspondance. En 1915, le peintre Francis Picabia vient en Suisse pour soigner une dépression nerveuse Tzara et lui se lient d'amitié et entrent également en correspondance. C'est en 1920 que Tzara débarque inopinément à Paris, dans l'appartement de Picabia, dont la maîtresse vient d'accoucher. La légende veut que Tzara ait calmé le nouveau-né en lui faisant répéter «Dada, dada, dada». André Breton et ses deux acolytes ne tardent pas à venir sonner à la maison, et sont surpris de voir, à la place du nouveau Rimbaud qu'ils avaient escompté, un petit bonhomme frêle roulant encore les r, mais ils s'habituent vite à son rire sonore et éclatant." (https://fr.wikipedia.org/wiki/Tristan_Tzara)
[270]Sur l'importance de la scatologie dans l'idéologie dada de Tzara, cf. notre travail sur: ""*Obra Maestra" de José Coronel Urtecho, "No" de Carlos Martínez Rivas y la propuesta educación del lector burgués*", Revista Literaria Katharsis, Universidad de Málaga, No 4, enero 2004, http://www.literaturahispanica.com/rev_ene_05.html
[271]"*To Be Looked At, With One Eye, Close To, For Almost An Hour (in French: A regarder d'un oeil, de près, pendant presqu'une heure) is a cruel set of commands. Nobody would want to look at anything following this prescription. Duchamp wrote the phrase in small capital letters across the face of a glass painting,*
and insisted that his directive, issued in the infinitive, serve as its title. But the owner of this work, Katherine Dreier, hated the title, and referred to it instead as Disturbed Balance.
Duchamp, however, was being uncharacteristically descriptive with To Be Looked At... because the image on glass is based upon optics and experiments with the functioning of the eyes. It follows Leonardo da Vinci's study of vision.In fact, the idea, the image and the phrase itself all come from this short illustrated passage in the Treatise on Painting:
Objects in relief, viewed close up with one eye [vues de près avec un seul oeil], seem like a perfect painting. If the eyes A and B look at Point C, C will appear at D F. But if you look at it with one eye, M, it will seem to be at G.Painting only presents this second form of vision.
Paintings are flat surfaces.Spacial illusions in paintings are derived from monocular, not binocular,vision. Leonardo was fascinated by the transformation from physiological optics to the artifice of painting, so he studied the behavior of a pair of human eyes. When an object to be looked at is placed close to the face, the paths of vision of the two eyes cross. Duchamp took Leonardo's X-shaped diagram of cross-eyed vision, along with the wording of his title, directly from this passage in the Treatise. In a posthumously-published sketch for To Be Looked At... he even used Leonardo's letters "A" and "B" to identify the eyes, or viewing points, represented by circles at the extremities of the cross. But he then placed the configuration on a receding plane, in

perspective, and turned it into a pair of giant scissors, a device soon to appear in The Large Glass. Now the cross-eyed observer, it would seem, could cut his way through the visual field by flexing his eyeballs together and apart to make the scissors work. In the small glass To Be Looked At... most of this peculiar tool lies outside the rectangle of the picture, so only its tips can be seen.

The squat, transparent pyramid hovering above the scissors would appear to transport the setting of this one-act farce for eyeballs to ancient Egypt. But it does not.Instead we are right back in the arena of the optics of Leonardo, who wrote frequently and vehemently about the "pyramid of vision." According to Leonardo:

The body of the atmosphere is full of infinite pyramids composed of radiating straight lines (or rays of light), which are produced from the bodies of light and shade, existing in the air; and the further they are from the object which produces them the more acute they become, and although in their distribution they intersect and cross they never mingle together, but pass through all the surrounding air, independently diverging, spreading, and diffused.

If you look into a mirror and close one eye, you will have formed a visual pyramid pointing at your open eye, whose base is the shape of your face. Leonardo displays remarkable insight into the mechanism of light as it reflects off our surroundings. The receiving human eye always forms the apex of a complex geometric solid, whose base is delineated by the outline of an object in view, and whose sides are formed by the rays of light racing towards the viewpoint from its edges. Leonardo's use of the word "pyramid," however, is confusing, because in common usage a pyramid sits on the earth, on a perfectly square base, its axis pointing up to the sky. Duchamp's Egyptian pyramid in To Be Looked At... is a deliberate and mocking distortion of Leonardo's idea as it occurs, in the Treatise on Painting, at the center of his theory of optics." (http://toutfait.com/leonardos-optics-through-the-eyes-of-duchamp-a-note-on-the-small-glass/)

[272]"*N° 135 =... – La Pendule de profil, avec la pendule de face permettent d'obtenir toute une perspective de durée allant du temps enregistré et découpé par les moyens astronomiques jusqu'à un état où le profil est une coupe et fait intervenir d'autres dimensions de la durée/Revoir «. (M. Duchamp, Notes, Avant-propos par Paul Matisse, Préface par Pontus Hulten, Flammarion, 2008). La pendule, selon Duchamp, vue de profil, et dont les heures disparaissent au regard...*" (http://aulivrebleu.unblog.fr/2012/03/20/marcel-duchamp-au-temps-de-face-et-de-profil/)

[273]https://www.centrepompidou.fr/cpv/resource/cgrzKA/rdq4qao

[274]https://www.moma.org/interactives/exhibitions/2012/inventingabstraction/?work=84

[275]"*La figure des témoins oculistes reprend en partie le schéma plus complexe du petit verre intitulé A regarder d'un œil de près, et pendant presqu'une heure.*

Il est difficile de ne pas reconnaître dans ce petit verre un cadran solaire (un gnomon)." (Marie J. A. Colombet, *L'humour objectif: Roussel, Duchamp, "sous le capot": l'objectivation du surrealisme*, Paris, Publibook, 2008, p. 311)

[276]http://art.rmngp.fr/fr/library/artworks/vassily-kandinsky_tableau-ii-gnomus_papier_gouache_aquarelle_encre-de-chine_1928

[277]http://art.rmngp.fr/fr/library/artworks/francis-picabia_voila-la-fille-nee-sans-mere_encre-de-chine_gouache_crayon-dessin_aquarelle_carton_1916

[278]https://www.pinterest.fr/pin/199988039683669019/

[279]https://www.pinterest.fr/pin/477944579194551700/

[280]https://www.edition-originale.com/fr/litterature/envois-autographes-dauteurs-manuscrits/picabia-oui-non-1953-32375

[281]"*La Voie lactée épouse la rondeur de la voûte nocturne et s'incline jusqu'à toucher l'horizon. Nul besoin d'un géant pour donner corps à ce pur effet de perspective. Y suffit un être dont les formes n'ont plus par rapport à leur destination une mensuration, par exemple les lettres de l'alphabet qui majuscules et minuscules acheminent et délivrent le même message. Justement entre en scène un troubadour qui va se révéler le pèse-lettre de la Mariée, le porte-parole de la Dame; le jongleur de centre de gravité. Sur le fil de l'horizon, il DANSE. Il fléchit, il se redresse, d'un pied sur l'autre, au gré des coups de canon, selon le bon plaisir des éclaboussures. Son corps taillé dans un ressort se vrille comme une vis sans fin entre le bas et le haut. A sa tête, il arbore un*

plateau rond où roule une boule noire. C'est avec ce caillot de ténèbres qu'il jongle. Il danse, il traduit les secousses de la machine en virevoltes de la boule qui concentre les ondes de déséquilibre du branle-bas célibataire. La boule vacille, zigzague, frôle dangereusement les bords, mais elle ne tombe pas. Car la Mariée lui envoie des ordres de nouvel équilibre en la léchant d'une langue de flamme, en la chiquenaudant de lettres touchantes qui contrecarrent ses écarts. A cinq reprises, en dessins comme un maquette, Duchamp a représenté ce deus ex machina sous la forme d'un guéridon, d'une table tournante. Serpentin sur ses trois pieds (parfois quatre, sinon deux) il est l'oracle de la divinité-mariée. Un coup, deux coups, trois coups, comme tous les dieux il n'existe pas. Le Grand Verre l'a dissipé en transparence. Esquive fondamentale qui endiable la case vide, la lacune miraculeuse autour de laquelle le puzzle s'est reconstitué. Si bien que pour tous les regardeurs qui n'ont pas lu, ou mal lu, le mode d'emploi, ça ne marche pas, ça ne peut pas marcher. Ces mécréants n'entendent pas crisser le grain de sel que croquent les engrenages, ils oublient de déduire le dieu de ses indices, de ses brisées. Dans le titre, par exemple, il arque la queue de la virgule qui s'est glissée entre les célibataires pluriels et le singulier même, virgule, il n'y pas de langue morte qui n'avoue son vrai nom qu'en latin: virga. Eh oui! c'est lui que dans les salons tout le monde aujourd'hui appelle Monsieur le Phallus. Celui qui brille par son absence, qui agit d'autant mieux qu'il n'est pas là. Aux soins de la mise à nu, ce danseur change de nom comme de masque. D'un dernier trait de plume Duchamp l'a institué: Soigneur de gravité. Le docteur de la loi de la chute des graves qui conjoint l'Une au ciel et nous à terre. Le médecin volatil qui cicatrise la grave coupure de l'horizon. Le guérisseur qui met en chanson le cri que Duchamp a laissé deviner dans le premier jet de sa préface: Étant donné, si je suppose que je sois souffrant beaucoup. Et quel remède, quelle drogue, quel alcool porte le guéridon qui sert de table de chevet à la Mariée? Il suffit de l'apostropher à haute voix et de savourer un de ces calembours que Duchamp aimait tant: guéris donc! Et si tu es gai, ris donc! Guérir la gravité, c'est rire. Avec le point sur le i en guise de boule noire. En épelant les lettres de la Mariée, le trismégiste jongleur-manieur-soigneur de gravité déshabille cette vertu bien balancée que Duchamp a qualifiée: ironisme d'affirmation. Il personnalise de pied en cap le OUI. Un OUI dont chacun peut à loisir faire   danser   les   lettres..."
(http://www.toutfait.com/issues/issue_1/Articles/largeglassFrench.html)
[282]https://art.famsf.org/marcel-duchamp/cimeti%C3%A8re-des-uniformes-et-livr%C3%A9es-cemetery-uniforms-and-liveries-no-1-1913-le-bo%C3%AEte
[283]https://publishing.cdlib.org/ucpressebooks/view?docId=ft3w1005ft;chunk.id=d0e5916;doc.vie w=print, Fig. 75, et http://www.philamuseum.org/collections/permanent/180595.html
[284]http://fr.wahooart.com/@@/8EWLFH-Marcel-Duchamp-Suspension-(Bec-Auer)   et http://www.toutfait.com/issues/volume2/issue_5/articles/powers/popup_43.htm
[285]https://publishing.cdlib.org/ucpressebooks/view?docId=ft3w1005ft;chunk.id=d0e5916;doc.vie w=print, Fig. 77.
[286]*Ibid.*, Fig. 78.
[287]Dans notre ouvrage sur *Le Plaisir.*
[288]*Ibid.*:   http://genevieveblons.blogspot.fr/2017/03/?view=classic;   et http://webcache.googleusercontent.com/search?q=cache:MKMndNGbGgIJ:www.l-a-p.org/wp-content/uploads/2017/03/Marcel-Duchamp-est-le-dispositif-de-pr%25C3%25A9sentation.doc+&cd=16&hl=fr&ct=clnk&gl=ni
[289]"*Dans une lettre à Jean Crotti, le 8 juillet 1918, Duchamp décrivait cette œuvre comme une "sorte de toile d'araignée de toutes les couleurs".*
Cette oeuvre " Sculpture de voyage", est une sculpture molle ready made, et elle incarne "le concept du souvenir" dans le sens où elle était réellement faite pour voyager et pouvait être recréée dans n'importe quel lieu, en la déballant de la valise à chacune des escales du voyage de Duchamp entre New York et Buenos Aires.
En 1918, Duchamp disait " Naturellement, La Sculpture de voyage, une fois installée occupait toute la pièce, elle était généralement faite avec des morceaux de bonnets de bain que j'avais découpés en lamelles et collés ensembles sans chercher à donner une forme particulière. Au

bout de chaque morceau découpé il y avait des ficelles que l'on attachait aux quatre coins de la chambre. Alors quand quelqu'un entrait dans la pièce il ne pouvait pas se déplacer librement, à cause des ficelles qui obstruaient l'espace, leurs longueurs étaient différentes et la forme globale venait du hasard. C'était ce qui m'intéressait. Ce jeu à durer trois ou quatre années puis le caoutchouc a vieilli et s'est désintégré."" (http://genevieveblons.blogspot.fr/2017/03/?view=classic)

[290]*"Invité à l'exposition de ses amis surréalistes en 1938, Marcel Duchamp, qui ne produit plus d'oeuvre d'Art, construit cette installation in situ (Ciel de roussettes (1200 sacs de charbon suspendus au plafond au-dessus d'un poêle)) que l'on peut classer dans la catégorie environnement car il convoque tous les sens du spectateur.*

"L'artiste conçoit le hall principal d'exposition pour ressembler à une grotte souterraine avec 1200 sacs de charbon suspendus au plafond (en remplacement de parapluies prévus au départ). Une seule ampoule fournissant l'éclairage, une lampe de poche est donnée à chaque visiteur pour contempler les oeuvres à l'intérieur. Le tapis est rempli de feuilles mortes, de fougères et d'herbes, et l'arôme de torréfaction du café remplit l'air. Des hauts-parleurs diffusent des bruits de bottes de soldats et des rires hystériques de malades mentaux." (http://artplastoc.blogspot.com/)

Il exécutera une intervention similaire, lors de l'exposition First Papers of Surrealism en1942, parasitant le lieu en déroulant un réseau de fils, comme une toile d'araignée. Ce geste provocateur, qui influe directement sur le visiteur et lui donne donc une place centrale (sans spectateur pas d'Art dit Duchamp) est une sculpture in situ." (http://artsplastiqueslcf.blogspot.com/2015/11/marcel-duchamp-et-le-dispositif-de.html)

[291]http://art.rmngp.fr/fr/library/artworks/marcel-duchamp_un-rayon-de-lumiere-soleil_crayon-dessin_encre-noire

[292]http://art.rmngp.fr/fr/library/artworks/marcel-duchamp_croquis-pour-le-poids-mobile-et-la-broyeuse-de-chocolat_encre-noire

[293]http://art.rmngp.fr/fr/library/artworks/marcel-duchamp_note-autographe-pour-inframince-toile-araignee-miroir-cloison-moire-portillons-de-metro_encre-noire

[294]http://art.rmngp.fr/fr/library/artworks/marcel-duchamp_isolation-de-l-infra-mince_crayon-dessin_papier_encre-noire

[295]http://art.rmngp.fr/fr/library/artworks/marcel-duchamp_course-de-2-mobiles-a-et-b-musique-en-creux-d-un-accord_crayon-de-couleur_papier-quadrille_encre-violette_encre-noire_crayon-dessin

[296]http://art.rmngp.fr/fr/library/artworks/marcel-duchamp_note-autographe-pour-le-grand-verre-baratte_encre-noire_crayon-dessin

[297]http://art.rmngp.fr/fr/library/artworks/marcel-duchamp_triturants-et-liquefacteur-n-1-2-3-4-5-6-7_crayon-dessin_encre-noire

[298]http://art.rmngp.fr/fr/library/artworks/marcel-duchamp_mirage-verbal-figures-de-la-section-d-or_encre-noire

[299]http://www.tate.org.uk/art/images/work/T/T07/T07744_141744_10.jpg

[300]http://www.tate.org.uk/art/images/work/T/T07/T07744_141742_10.jpg

[301]https://www.photo.rmn.fr/archive/12-533463-2C6NU0ZHCCEE.html

[302]http://art.rmngp.fr/fr/library/artworks/marcel-duchamp_le-poids-forme-de-la-bouteille-de-benedictine_crayon-de-couleur_papier-quadrille_encre-violette

[303]*"Un sandow est un câble élastique parfois appelé tendeur ou extenseur, souvent composé d'une âme en caoutchouc et d'une enveloppe en tricot, ayant des crochets à chaque extrémité."* (https://fr.wikipedia.org/wiki/Sandow_(c%C3%A2ble))

[304]http://art.rmngp.fr/fr/library/artworks/marcel-duchamp_peut-etre-comme-fond-a-la-mariee-celibataires_crayon-dessin_encre-noire_encre-bleue

[305]http://art.rmngp.fr/fr/library/artworks/marcel-duchamp_chariot-et-formes-maliques_papier-quadrille_crayon-graphite_encre-noire

[306]https://en.wikipedia.org/wiki/File:Marcel_Duchamp,_1912,_Le_Roi_et_la_Reine_entour%C3
%A9s_de_Nus_vites_(The_King_and_Queen_Surrounded_by_Swift_Nudes),_oil_on_canvas,_1
14.6_x_128.9_cm,_Philadelphia_Museum_of_Art.jpg

[307]François De La Feillée, *Méthode nouvelle pour apprendre parfaitement les règles du plain-chant et de la Psalmodie: avec des Messes & autres Ouvrages en Plain-Chant figuré & musical, à voix seule & en partie, à l'usage des Paroisses & des Communautés Religieuses*, Poitiers, Chez Jean Faulcon, l'aîné, 1775 p. 112.

[308]*Œuvres de J.J. Rousseau citoyen de Genève*, Paris, Chez Deterville, et Lefévre, 1817, T. IX, "*Lettre à M. le Docteur Burney, Auteur de l'Histoire générale de la Musique*", p. 369.

[309]Max Imdahl et Michel Pastoureau, *Couleur: Les écrits des peintres français de Poussin à Delaunay*, Paris, Les Editions de la Maison des Sciences de l'Homme, 1996, p. 168.

[310]Cf. par ex. *Journal de Medecine Veterinaire*, École de Lyon, Imprimerie et Typographie Nigon, 1853, T. IX, p. 304.

[311]https://fr.wiktionary.org/wiki/vite#Adjectif

[312]https://www.formulapassion.it/wp-content/uploads/2015/12/Luigi-Russolo-1912.jpg

[313]https://www.centrepompidou.fr/cpv/resource/cazp46/rGERyXo

[314]"*Definita nel Manifesto del futurismo "più bella della Nike di Samotracia", l'automobile diventa in Balla l'emblema della vittoria sulla difficoltà di rappresentare la velocità in pittura.*
Il dipinto "Velocità d'automobile" è un olio su tela, che appartiene ad una serie di quadri iniziata dall'artista, tra 1913 e il 1914. Questi dipinti avevano come tema centrale la scansione della velocità dell'automobile, che Balla studiò e raffigurò in diverse espressioni e formati. Il movimento meccanico dell'automobile, fu per Giacomo Balla un elemento essenziale per rappresentare la velocità secondo i concetti teorici del Futurismo.
Se la si osserva con attenzione si nota, in quest'opera, il prevalere, in primo piano, del moto sinusoidale delle ruote di un'auto. Era questa una caratteristica ricorrente in molti lavori di Balla del 1913, ma qui, di assolutamente unico, risulta il fondo del quadro. Vedete quegli archi appena accennati? Quelle arcate sono presenti solo in questo acquerello. Forse erano elementi del disegno di un ponte precedentemente schizzato o forse volevano rappresentare la volontà dell'artista di raffigurare tracce di rovine di antiche costruzioni romane.
Nel resto dell'opera la scomposizione della velocità avviene secondo una successione dinamica, che inizia e termina in tante linee che s'intersecano. Il tempo, altro tema caro ai futuristi, è scandito in un accelerarsi d'istanti, che si sovrappongono attraverso ampi triangoli in superficie e in profondità." (http://www.arte.it/opera/velocit%C3%A0-d-automobile-velocit%C3%A0-n-1-4636)

[315]http://www.futur-ism.it/esposizioni/Esp2015/ESP20150912_PR_21.jpg;
https://i.pinimg.com/originals/65/17/72/6517727ea05c1923ea1f749800d80c2e.jpg;
http://www.theartwolf.com/news/images/giacomo-balla-atomobile-in-corsa.jpg;
http://www.casaitaliananyu.org/files/imagecache/fullsize/files/consulate_events_thumbnails/Giacomo%20balla%20-%20penetrazioni%20dinamiche%20d%27automobile_1380309626.jpg;
http://www.futur-ism.it/esposizioni/Esp2015/ESP20150912_PR.htm;
https://www.pinterest.es/pin/517461115171156201/?lp=true;
https://i.pinimg.com/originals/45/30/61/4530618280dcc009b6e9aea5bc1d5e40.jpg;
http://www.kunsthaus.ch/fr/collection/restauration/exemples-pratiques/giacomo-balla/giacomo-balla/?redirect_url=title%3DEnregis; https://www.pinterest.com/pin/533043305872252297/;
https://www.pinterest.com/pin/554153929140453794/;
https://www.pinterest.com/pin/152278031123346794/; etc.

[316]http://lartcommeonlaime.forumactif.org/t187-duchamp-analyse-de-tu-m-partie-2

[317]http://www.tate.org.uk/art/images/work/T/T07/T07744_141758_10.jpg

[318]Nous reproduisons ici la séquence d'Inocencio Galindo Mateo, *Gran vidrio puesto al desnudo por sus verbos*, Thèse de Doctorat, sous la dir. José Luis Tomás, Facultad de Bellas Artes, Universitat Politècnica de València, 1991, Inédit, pp. 137-143.

[319]*Ibid.,* No 118, pp. 162-163; et
https://www.photo.rmn.fr/CorexDoc/RMN/Media/TR1/D8L8NH/08-503158.jpg

[320]http://lartcommeonlaime.forumactif.org/t187-duchamp-analyse-de-tu-m-partie-2

[321]https://weberstudies.weber.edu/archive/archive%20B%20Vol.%2011-16.1/Vol.%2014.1/14.1Henderson.htm

[322]https://en.wikipedia.org/wiki/Right-hand_rule

[323]https://weberstudies.weber.edu/archive/archive%20B%20Vol.%2011-16.1/Vol.%2014.1/Pictures/Fig_10.jpg

[324]https://weberstudies.weber.edu/archive/archive%20B%20Vol.%2011-16.1/Vol.%2014.1/14.1Henderson.htm

[325]https://fr.wikipedia.org/wiki/R%C3%A8gle_de_la_main_droite

[326]https://fr.wikipedia.org/wiki/Tire-bouchon_de_Maxwell

[327]http://www.larousse.fr/archives/grande-encyclopedie/page/4667, Fig. 3

[328]http://i21.servimg.com/u/f21/15/07/64/25/44ba4010.jpg

[329]http://lartcommeonlaime.forumactif.org/t187-duchamp-analyse-de-tu-m-partie-2

[330]*Ibid.*

[331]*Ibid.*

[332]Jean Clair, *Sur Marcel Duchamp et la fin de l'art*, Paris, Gallimard, 2000, p. 102.

[333]http://art.rmngp.fr/fr/library/artworks/marcel-duchamp_ce-qui-s-appuie-sur-des-roulettes_encre-noire_crayon-dessin

[334]http://art.rmngp.fr/fr/library/artworks/marcel-duchamp_tirage-photographique

[335]http://archives-dada.tumblr.com/tagged/Francis-Picabia

[336]http://www.tate.org.uk/art/images/work/T/T07/T07744_141754_10.jpg

[337]https://www.metmuseum.org/art/collection/search/488364

[338]http://archives-dada.tumblr.com/tagged/Francis-Picabia

[339]http://www.tate.org.uk/art/images/work/T/T07/T07744_141816_10.jpg

[340]https://www.akg-images.fr/archive/-2UMDHUTIUO2W.html

[341]https://www.pinterest.fr/pin/373235887853622710/

[342]https://www.pinterest.fr/pin/380694974724064993/

[343]Cf., dans l'abondante littérature à ce sujet, notamment la citation suivante: "*Voyez ce qu'est, en fin de compte, la Mariée: «Ce n'est pas la Mariée elle-même, mais le concept de mariée [...] Ce que le Verre représente, ce n'est pas la copie d'une mariée en chemise de nuit». Et, «plus important encore, je l'ai pensée en termes de mots, bien avant de la dessiner réellement.»*" (Jean Decottignies, *L'Invention de la poésie: Breton Aragon Duchamp Onirique*, Villeneuve d'Ascq, Presses Universitaires du Septentrion, 1994, p. 192) Voir aussi, par ex., la note de Duchamp: https://api.art.rmngp.fr/v1/images/17/326260/l?t=q5eP4bO50mdgI5VeHdlziw

[344]https://www.pinterest.com/pin/414964553145495732/

[345]https://www.pinterest.fr/pin/396316835941507975/

[346]https://www.pinterest.fr/pin/180355160052896734/

[347]https://www.centrepompidou.fr/cpv/resource/c6brByM/rLrxyx6

[348]"*Ô batailles la terre tremble comme une mandoline*
FEMME COMME LA BALLE À TRAVERS LE CORPS LE SON
TRAVERSE la vérité car la RAISON c'est ton Art
Que cet oeillet te dise
la loi des odeurs
qu'on n'a pas encore
promulguée et qui viendra
un jour
régner sur
nos cerveaux
bien +
précise & + subtile

que les sons qui nous dirigent
Je préfère ton nez
à tous tes organes
ô mon amie
Il est le trône de la futur SAGESSE
nez de la pipe les odeurs cendre
fourneau y forgent les chaînes
univers infiniment déliées qui lient les
autres   raisons   formelles"   (http://paroles2chansons.lemonde.fr/auteur-guillaume-apollinaire/poeme-etendards-la-mandoline-lroeillet-et-le-bambou.html)
[349]https://www.pinterest.fr/pin/290763719677938711/
[350]https://www.centrepompidou.fr/cpv/resource/cBKoXpz/rkqX9d
[351]"*salle centrale de l'Exposition internationale du surréalisme. (Installation ciel de roussettes, 1200 Coal Bags à l'Exposition internationale du surréalisme, Paris, Galerie Beaux-Arts, 18 janvier   –   22   février   1938.   Installation   détruite.)*"
(http://genevieveblons.blogspot.com/2016_07_01_archive.html?view=classic)
[352]https://www.pinterest.com/pin/444519425691872035/
[353]http://www.toutfait.com/issues/volume2/issue_4/articles/rothman/rothman2.html
[354]https://en.m.wikipedia.org/wiki/File:Umberto_Boccioni,_1912,_Head_%2B_House_%2B_Light,_sculpture_destroyed.jpg
[355]Cf.   http://tochoocho.blogspot.com.es/2010/06/la-arquitectura-de-louise-bourgeois.html   et
https://www.moma.org/collection_lb/object.php?object_id=69626
[356]https://publishing.cdlib.org/ucpressebooks/view?docId=ft3w1005ft;chunk.id=d0e5916;doc.view=print, Fig. 73 et 74.
[357]https://www.wikiart.org/en/marcel-duchamp   et   https://use2-uploads8.wikiart.org/images/marcel-duchamp/study-for-given-1-the-waterfall-2-illuminating-gas.jpg!PinterestLarge.jpg
[358]Christian-R. Velescu, "*Autour de deux toiles de Victor Brauner: "Tête et deux boxeurs" et "Passivité courtoise" - Approche iconographique*", *Études transversales: mélanges en l'honneur de Pierre Vaisse*, Presses Universitaires Lyon, 2005, pp. 260ss.
[359]http://art.rmngp.fr/fr/library/artworks/victor-brauner_le-ver-luisant_huile-sur-toile_1933
[360]"*In The Surrealist Victor Brauner borrows motifs from the tarot to create a portrait of himself as a young man. The tarot, a set of seventy-eight illustrated cards used in fortune telling, was a subject of widespread interest to Brauner and other Surrealists. Four of these cards, for example, appeared on André Derain's cover for the December 1933 issue of Minotaure. A group including Brauner even produced a deck of cards in 1940–41 that was probably a tarot. One tarot card, the Juggler (the first card in the Marseille tarot deck), provided Brauner with a key prototype for his self-portrait: the Surrealist's large hat, medieval costume, and the position of his arms all derive from this figure who, like Brauner's subject, stands behind a table displaying a knife, a goblet, and coins.¹ The tarot Juggler appropriately symbolizes the creativity of the Surrealist poet, for it refers to the capacity of each individual to create his own personality through intelligence, wit, and initiative, and thus to play with his own future, as the juggler manipulates his baton.*
*In another tarot deck known as the Waite tarot, the first card of the Major Arcana is the Magician rather than the Juggler, although both share many attributes. A sign of infinity, * (the symbol of life), that appears above the Magician's head is also depicted on the hat of Brauner's Surrealist. Drawing on the Juggler-Magician prototype, Brauner illustrates the traditional signs of the four suits in the tarot deck: wands, cups, swords, and coins (symbols of the elements of natural life—fire, water, air, and earth, respectively). These objects and all natural life are controlled by the Juggler, just as all creative life is at the disposal of the Surrealist poet, who wields his pen as the Juggler brandishes his wand.*
Brauner depicted the Juggler and a Popess (a figure from the Marseille Tarot) in another painting of 1947, The Lovers (Private Collection, Paris). The inscriptions at either side of that canvas,

Past—Present—Future and Fate/Necessity—Will/Magic—Surreality/Liberty, are written in Brauner's hand on the back of the Peggy Guggenheim canvas. These inscriptions convey the artist's belief that Surrealism could be a path to artistic freedom." (https://www.guggenheim.org/artwork/681)

[361]"*The(e White) book is the third and final volume in a series of artist's books that Marcel Duchamp made in connection with his famous work The Bride Stripped Bare by her Bachelors, Even (The Large Glass) (1915-23). The first book, The Box of 1914, consisted of a box of facsimiles of notes Duchamp made while planning The Large Glass. The second book, published in 1934 after The Large Glass was shattered in transit after its first exhibition and called The Bride Stripped Bare by her Bachelors, Even (The Green Box), contained facsimiles of documents relating to the actual making of The Large Glass.*" (http://www.boreasfineart.com/the-white-box.html)

[362]http://fr.wahooart.com/@@/A25EXQ-Victor-Brauner--Fichier-5124

[363]https://www.wikiart.org/en/victor-brauner/the-inner-life-nude-and-spectral-still-life-1939

[364]Que nous avons, à ce sujet, abondamment abordée dans notre ouvrage sur Mantegna, à propos du goupillon; nous renvoyons donc le lecteur à cette partie de l'ouvrage correspond.

[365]https://publishing.cdlib.org/ucpressebooks/view?docId=ft3w1005ft;chunk.id=d0e5916;doc.view=print, Fig. 84.

[366]http://art.rmngp.fr/fr/library/artworks/marcel-duchamp_un-rayon-de-lumiere-soleil_crayon-dessin_encre-noire

[367]https://undeuxtroisduchamp.wordpress.com/1924-1968/ repris de https://onetwothreeduchamp.wordpress.com/1924-1968/

[368]Yiannis Toumazis, "*La mythologie hermétique d'Étant Donnés: 1° la chute d'eau, 2° le gaz d'éclairage*", *Art et Mythe*, Presses universitaires de Paris X-Nanterre, 2011, pp. 99-112, http://books.openedition.org/pupo/1998?lang=fr#bodyftn16

[369]http://books.openedition.org/pupo/docannexe/image/1998/img-4.jpg

[370]"*Marcel Duchamp est à Buenos Aires depuis quelques semaines quand une lettre de sa sœur Suzanne lui apprend qu'elle épouse en avril 1919 le peintre Jean Crotti. Ne pouvant faire le voyage, Marcel envoie par courrier ses instructions pour un cadeau de mariage: «C'était un précis de géométrie qu'il lui fallait attacher avec des ficelles sur le balcon de son appartement de la rue de La Condamine; le vent devait compulser le livre, choisir lui-même les problèmes, effeuiller les pages et les déchirer. Suzanne en a fait un petit tableau: Readymade malheureux de Marcel. C'est tout ce qu'il en reste puisque le vent l'a déchiré. Ça m'avait amusé d'introduire l'idée d'heureux et de malheureux dans les readymades, et puis la pluie, le vent, les pages qui volent, c'est amusant comme idée...»*" (http://dadasurr.blogspot.com/2010/02/blog-post_23.html)

[371]http://art.rmngp.fr/fr/library/artworks/marcel-duchamp_experience-primaire-de-2-cercles_encre-noire

[372]http://art.rmngp.fr/fr/library/artworks/marcel-duchamp_note-autographe-pour-le-grand-verre-notion-physique-de-la-courbure_encre-bleue

[373]http://art.rmngp.fr/fr/library/artworks/marcel-duchamp_loupe-c-et-d-ciseaux-qui-s-ecartent_crayon-dessin

[374]http://art.rmngp.fr/fr/library/artworks/marcel-duchamp_movie-avoir-la-meme-picture-a-de-differentes-dimensions_crayon-dessin_1912

[375]https://www.wikiart.org/en/marcel-duchamp/king-and-queen-1968

[376]https://en.wikipedia.org/wiki/File:Marcel_Duchamp,_1912,_Le_Roi_et_la_Reine_entour%C3%A9s_de_Nus_vites_(The_King_and_Queen_Surrounded_by_Swift_Nudes),_oil_on_canvas,_114.6_x_128.9_cm,_Philadelphia_Museum_of_Art.jpg

[377]Cinquième page de note dans l'ordre où celles-ci apparaissent sur le site de la Tate Gallery de Londres: http://www.tate.org.uk/art/images/work/T/T07/T07744_141295_10.jpg

[378]*Ibid.*

[379]http://www.tate.org.uk/art/images/work/T/T07/T07744_141726_10.jpg

[380]http://www.tate.org.uk/art/images/work/T/T07/T07744_141726_10.jpg

[381]http://toutfait.com/leonardos-optics-through-the-eyes-of-duchamp-a-note-on-the-small-glass/

[382]https://undeuxtroisduchamp.wordpress.com/gorik-lindemans/

[383]Sur les travaux de Duchamp liés à la modification visuelle des pièces d'échecs, on se reportera à ses notes: http://art.rmngp.fr/fr/library/artworks/marcel-duchamp_note-autographe-pour-projets-dessin-pieces-d-echecs-r-cheval-v-tour_crayon-dessin et, de la Reine: http://art.rmngp.fr/fr/library/artworks/marcel-duchamp_note-autographe-pour-projets-dessin-piece-d-echecs-reine_encre-noire_crayon-dessin; on note, aussi, en ce sens, que l'illustration du *Livre: Six contes avec les fins faciles* (1922) d'El Lissitzky, http://art.rmngp.fr/fr/library/artworks/el-lissitzky_livre-six-contes-avec-les-fins-faciles_encre-noire_1922, associe la caméra (vertovienne) et l'étoile inégale enfermée dans un cercle contenant la *Joconde* couronnée comme une Reine d'échec.

[384]https://undeuxtroisduchamp.wordpress.com/1924-1968/

[385]Claude Bragdon, *A Primer of Higher Space (the Fourth Dimension)*, Rochester et New York, The Manas Press, 1913, Pl. 30 et p. 65.

[386]on notera, en ce sens, que l'ensemble des travaux d'application de teintes métalliques, notamment dorées, sur celui-ci par Duchamp s'apparente bien à un processus de miroiterie, cf. par ex. https://fr.wikipedia.org/wiki/Tain: "*Le tain est la partie métallique d'un miroir, souvent composé d'un mélange d'étain et de mercure, qui effectue la réflexion.*
Anciennement, il s'agissait d'un alliage de plomb, d'étain et de bismuth réduit en feuille, et que l'on dissolvait en partie par le mercure (formant ainsi un amalgame), le rendant adhérent à la surface d'une glace polie. Cet amalgame a été progressivement remplacé par le dépôt et la réduction du nitrate d'argent à partir de 1835."

[387]Sixième note de la série selon l'ordre de la Tate Gallery: http://www.tate.org.uk/art/images/work/T/T07/T07744_141297_10.jpg

[388]http://art.rmngp.fr/fr/library/artworks/marcel-duchamp_note-autographe-pour-le-grand-verre-notion-physique-de-la-courbure_encre-bleue

[389]"*Tu m'* est le dernier tableau de Marcel Duchamp. *C'est une commande destinée à la bibliothèque de sa mécène et collaboratrice Katherine Dreier. L'œuvre est réalisée à la fin de l'année 1918, peu avant que Duchamp ne parte à Buenos Aires où il prend congé de l'art pour se mettre à l'étude des échecs. Tu m'* est l'œuvre-charnière à partir de laquelle se déploie le « silence »de Marcel Duchamp. Un silence qui malgré la révélation posthume d'étant Donné a mis l'art occidental hors de ses gonds. — 1 — La pièce est remarquablement discrète. Et ésotérique. Marcel Duchamp la présente comme un «inventaire» de ses ready-made, un exercice plutôt ennuyeux auquel il se contraint pour répondre au désir de sa commanditaire, une collectionneuse américaine fortunée dont le goût pour Duchamp et ses œuvres est assez mystérieux. Katherine Dreier ne fait pas partie du groupe des amies désireuses de s'encanailler. C'est une femme rangée qui aime l'art et veut servir ses intérêts sans paraître remarquer que Duchamp n'est pas nécessairement le mieux placé pour les représenter. Bref: une commande à laquelle il faut répondre par nécessité financière. Une commanditaire pas particulièrement inspirante. Le désir de quitter l'Amérique va-t-en guerre et de clore un chapitre de sa vie. La dernière corvée avant le vraidépart. Le terme d'inventaire rappelle à la fois le mouvement d'in-venire, de découvrir ce qui est déjà là, « tout fait, tout trouvé », pour reprendre la définition du ready-made, et le bénéfice d'inventaire des commerçants: un catalogue, un récapitulatif, la somme des biens en magasin. Ce qui résume et clôt une activité. Duchamp ne fera plus de nouveaux ready-made. Il laissera ceux qui existent s'envoler à tire d'aile comme nous le voyons ici et se mettra à l'étude de leur mouvement dans le temps et l'espace. à travers notamment les travaux d'«opticerie», Rotoreliefs et Anémic Cinéma. Tu m'* est le dernier tableau mais aussi bien le premier stock que suivront les Boîtes vertes et blanches, puis les Boîtes en valise dans lesquelles Duchamp reproduit miniaturisées les œuvres de lui qu'il aime le mieux. C'est également et par ailleurs la première affiche publicitaire pour « les œuvres de Marcel Duchamp». Un tableau, donc, mais également une boîte, et aussi une affiche. Mais au-delà de ce qu'elle est, Tu m'* est une œuvre qui importe pour ce qu'elle n'est pas. Tu m' n'est pas une photographie. Telle est la première évidence, la première énigme. Il y avait en effet*

une forme toute faite, toute trouvée pour enregistrer ce qui est un objet en série ou encore, pour citer Duchamp, un moulage: un enregistrement. Il y avait une forme idéale pour prendre l'empreinte d'une trace. Cette forme évidente était la photographie, l'image reproductible recueillant l'image de l'objet reproductible et venant fixer métonymiquement par simple équivalence ontologique (reproduction = reproduction) l'apparition du ready-made. Or que voyons-nous ici? Le tableau peint de trois ready-made dont deux seulement furent réalisés: Roue de bicyclette et Porte-manteau, le troisième, Tire-bouchon, étant resté au titre de projet. Trois malheureux ready-made pris en écharpe entre deux représentations d'une quatrième œuvre de Duchamp dite Trois Stoppages-étalons: ces trois fils que Duchamp laisse tomber du haut de leur mètre, et dont il matérialise le tracé improbable sous la forme de trois réglettes en bois, fixant le hasard de l'étalonnage (l'arbitraire du mètre-étalon) aussi bien qu'une manière d'étalonnage du hasard. Du hasard en conserve, dit Duchamp. Du «sur mesure». Tout le contraire en apparence du ready-made." (Catherine Perret, "*«Tu m'»: à propos du titre d'un tableau de Marcel Duchamp*", *Geste*, No 5 - *Habiter*, Automne 2008, pp. 243-244, http://www.revue-geste.fr/articles/geste5/GESTE%2005%20-%20Ralentis%20-%20Perret.pdf)

[390]"*Supposons que ce verre soit la vitrine d'un magasin. On trouve en bas des objets représentés selon les règles minutieuses de la perspective. Quels objets? Une glissière? Une broyeuse de chocolat? Pas seulement, car il y a aussi les neuf célibataires, des êtres désirants, amoureux et souffrants, séparés à jamais du royaume supérieur. Et qu'arrive-t-il à la future mariée? Apparemment, elle est pendue. Triste sort. N'y aurait-il aucune communication entre eux? Si, tout de même. A droite, on voit monter et redescendre des objets indéterminés, essence d'amour ou substance éjaculative.*

Malgré les machines, le Verre donne une impression d'attente et d'immobilité. Duchamp a appelé son oeuvre un "retard en verre".

Presque tous les détails du Grand Verre citent d'autres oeuvres de Duchamp: le passage de la Vierge à la mariée, le réseau des stoppages étalon, la glissière, la broyeuse de chocolat, les moules mâlic, et même le gaz d'éclairage de son oeuvre posthume. Plus tard, il ne cessera de citer cette oeuvre, d'y faire allusion, directement ou a contrario, de la reprendre et de la montrer dans ses différentes boîtes." (https://www.idixa.net/Pixa/pagixa-0807231941.html)

[391]https://fr.wikipedia.org/wiki/Roue_de_bicyclette_(Duchamp)

[392]https://fr.wikipedia.org/wiki/Le_Prisonnier

[393]http://www.npg.si.edu/exhibit/duchamp/pop-ups/01-06.html

[394]https://www.wikiart.org/en/marcel-duchamp/yvonne-in-kimono-1901

[395]https://art.famsf.org/charles-%C3%A9douard-jeanneret-le-corbusier/untitled-pg-105-book-le-po%C3%A9me-de-langle-droit-edmond; https://art.famsf.org/charles-%C3%A9douard-jeanneret-le-corbusier/untitled-pg-106-book-le-po%C3%A9me-de-langle-droit-edmond; https://art.famsf.org/charles-%C3%A9douard-jeanneret-le-corbusier/untitled-pg-109-book-le-po%C3%A9me-de-langle-droit-edmond; https://art.famsf.org/charles-%C3%A9douard-jeanneret-le-corbusier/untitled-pg-123-book-le-po%C3%A9me-de-langle-droit-edmond; https://art.famsf.org/charles-%C3%A9douard-jeanneret-le-corbusier/untitled-pg-137-book-le-po%C3%A9me-de-langle-droit-edmond

[396]https://en.wikipedia.org/wiki/Poem_of_the_Right_Angle

[397]http://www.fondationlecorbusier.fr/corbuweb/morpheus.aspx?sysId=13&IrisObjectId=6474&sysLanguage=fr-fr&itemPos=19&itemSort=fr-fr_sort_string1+&itemCount=47&sysParentName=&sysParentId=25; https://art.famsf.org/charles-%C3%A9douard-jeanneret-le-corbusier

[398]https://art.famsf.org/charles-%C3%A9douard-jeanneret-le-corbusier/untitled-pg-35-book-le-po%C3%A9me-de-langle-droit-edmond-jeanneret

[399]https://art.famsf.org/charles-%C3%A9douard-jeanneret-le-corbusier/untitled-pg-36-book-le-po%C3%A9me-de-langle-droit-edmond-jeanneret

[400]https://art.famsf.org/charles-%C3%A9douard-jeanneret-le-corbusier?page=3

[401]
http://www.fondationlecorbusier.fr/corbuweb/morpheus.aspx?sysId=13&IrisObjectId=6474&sys
Language=fr-fr&itemPos=19&itemSort=fr-
fr_sort_string1+&itemCount=47&sysParentName=&sysParentId=25
[402]*Ibid.*
[403]Jean-François Lyotard, *Les transformateurs de Duchamp - Duchamp's trans/formers,* Presses Universitaires de Louvain, 2010, p. 13.
[404]Herman Parret, "*Le corps selon Duchamp*", *Protée*, 28 (3), 2000, Département des arts et lettres - Université du Québec à Chicoutimi, Fig. 5 p. 99.
[405]Emma Cheatle, *Part-Architecture: The Maison de Verre, Duchamp, Domesticity and Desire in 1930s Paris*, New York et Londres, Routledge, 2017, Fig. 4-12.
[406]*Ibid.*, passim.
[407]Tel qu'on le trouve dans *Control of conception: an illustrated medical manual* (1932) de Robert Latou Dickinson et Louise Stevens Bryant, cf. https://www.pinterest.fr/pin/434315957792901336/ et http://catalog.lib.buffalo.edu/vufind/Record/000877654
[408]"*History of the Procedure*
Procedures similar to conization were used in the early 19th century in an attempt to excise gross cervical tumors per vaginam. During the second half of the 20th century, conization evolved as an important tool for diagnosing the cause of positive cervical cytology in women without visible lesions and, later, as treatment of CIN. The diagnostic application of cold-knife conization was reduced following the widespread use of colposcopically directed cervical biopsies combined with endocervical curettage. However, conization remains an important diagnostic tool in selected situations. Therapeutic conization for CIN became an accepted modality in the management of CIN following publication of rigorous studies by Scandinavian and Austrian researchers. The precise origin of cold-knife conization is historically uncertain."
(https://emedicine.medscape.com/article/270156-overview#a5)
[409]https://www.pinterest.jp/pin/483151866258924322/
[410]https://en.wikipedia.org/wiki/File:Francis_Picabia,_1915,_Fille_n%C3%A9e_sans_m%C3%A8re_(Girl_Born_Without_a_Mother),_work_on_paper,_47.4_x_31.7_cm,_Mus%C3%A9e_d%27Orsay.jpg
[411]"*Literally translated, colposcopy (colpo: vagina; scope: to look) means to look into the vagina. Colposcopy was first described by Hans Hinselman of Germany in 1925 as a screening tool for cervical cancer. Hinselman suspected that endophytic or exophytic lesions of the cervix were likely precursors of cervical carcinoma, and he hoped that by magnifying these tissues, precursor lesions might be identified early enough to allow effective treatment before invasive disease developed or spread. His theories on the genesis of cervical cancer were incorrect, and his protocol for colposcopic evaluation was clinically impractical, so the search for alternative methods for cervical cancer screening continued.*
In 1920, Dr. George Papanicolaou began his investigation of vaginal and cervical cytology. In collaboration with Herbert Traut, he published his seminal monograph Diagnosis of Uterine Cancer by the Vaginal Smear in 1943. In the United States, the Papanicolaou test became the primary screening test for detection of cervical cancer and its precursors. Colposcopy was essentially unknown in this country until the 1960s, when it was introduced in its current role as a confirmatory test for evaluation of women with abnormal cervical cytologic findings. Currently, it has near-universal acceptance as the most effective follow-up test for women suspected of having premalignant or malignant cervical lesions." (https://emedicine.medscape.com/article/265097-overview)
[412]Cf. par ex. https://french.alibaba.com/product-detail/dovay-cervical-biopsy-and-specimen-forceps-burke-cervical-biopsy-and-specimen-forceps-50031554741.html; https://www.zepf-medical-instruments.de/German:70-6105-01:Artikel.asp; https://french.alibaba.com/product-detail/uterine-biopsy-forceps-8-5-gynecology-surgical-instruments-surgical-instruments-

50032362098.html; http://www.medicalexpo.fr/prod/wallach-surgical-devices/product-70496-838281.html

[413]Cf. par ex. https://french.alibaba.com/product-detail/alexander-biopsy-forceps-28-cm-gynecology-surgical-instrument-surgical-instruments-50032287188.html; https://french.alibaba.com/product-detail/berger-yeoman-cervical-biopsy-specimen-forceps-biopsy-forceps--143227367.html

[414]Tels qu'ils apparaissent déjà dans les catalogues du XIXème siècle, cf. par ex.: Franz Carl Naegele, *Erfahrungen und abhandlungen ausdem gebiete der krankheiten des weiblichen geschlechtes,* Manhheim, T. Loeffler, 1812, Pl. 1; Joseph Claude Anthelme Récamier, *Recherches sur le traitement du cancer par la compression méthodique simple ou combinée,* Paris, Gabon, 1829, Pl. 7: "*Pince érigne montée en forceps; gorgeret; pince érigne de Museux à manche coudé; tige d'acier qui peut se renfler dans l'utérus*". Cf. aussi l'"*Endoscope de M. Désormaux*", reproduit dans Alfred Henry Lleaume, *Traité élémentaire des maladies des femmes,* Paris, P. Asselin, 1869, p. 32.

[415]http://obgynmedicalantiques.com/depressors/mathieus-vaginal-depressor

[416]http://www.toutfait.com/issues/issue_1/Articles/largeglassFrench.html   et
http://www.toutfait.com/issues/issue_1/Articles/suquet_2b.jpg

[417]http://obgynmedicalantiques.com/vesico-vaginal-fistula-vvf   et
https://static1.squarespace.com/static/568b15e169a91a2847e70a39/568b26391115e0d0bc14f766/568da23b25981db074aaed02/1467815050356/Gyn+VVF+-+Miller%E2%80%99s+Wire+Tenaculum.png?format=1000w

[418]Comme, par exemple, dans l'illustration de la *Nouvelle Encyclopédie Pratique de Médecine et d'Hygiène,* 1915, http://www.amber-ambre-inclusions.info/nuova%20ginecologia_ostetricia.htm#Pessari_

[419]"*Further, her name, Pendu femelle, means hanged female. She hangs head down in space. A favoured position for examination by position for examination by the gynaecologist was with the patient lying tipped almost vertical on a special examination table, her legs held up in 'stirrups'. Her pelvis and sexual organs are raised in the air and her head hanging down. As Ornella Moscucci points out, the use of footrests, commonly known as 'stirrups' and the 'strapping' of women to saddles, or tables invoked (and still does) the language of 'stables, prominent in pornographic fiction'.*" (Cheatle, Fig. 4.13)

[420]http://www.toma-fr.com/medicon/Instruments_Specifique_Gynecologie_Medicon01.htm   et
http://www.toma-fr.com/images/instruments_speciaux_gynecologie08.gif

[421]http://www.amber-ambre-inclusions.info/nuova%20ginecologia_ostetricia.htm#Pessari_

[422]Anne Carol, "*Esquisse d'une topographie des organes génitaux féminins: grandeur et décadence des trompes (XVIIe-XIXe siècles)*", Clio. Histoire, femmes et sociétés, 17 | 2003, Fig. 1.

[423]"*Le septième livre intitulé «De la nécessité des parties dédiées à la génération», est consacré à une description des organes génitaux masculins et féminins selon un plan identique et dans un espace sensiblement équivalent (respectivement 10 et 9 pages).*" (*Ibid.*, note 8)

[424]*Ibid.,* Fig. 2.

[425]*Ibid.,* pp. 205-207.

[426]http://www.amber-ambre-inclusions.info/nuova%20ginecologia_ostetricia.htm#Pessari_

[427]http://www.amber-ambre-inclusions.info/images/pelvimetro%20interno%20thoms.jpg

[428]http://www.amber-ambre-inclusions.info/images/pelvimetro%20Baudelocque.jpg

[429]https://api.art.rmngp.fr/v1/images/17/326245/l?t=b-4IzC7BPi7sbGwu7VmwBw

[430]http://www.toutfait.com/issues/issue_1/Articles/suquet_3.jpg
http://www.toutfait.com/issues/issue_1/Articles/suquet_3.jpg

[431]"*Signe astrologique: la balance; pierre: le saphir. Investi d'une mission d'importance, le «soigneur de gravité» se voit consacrer le septième autel de l'Exposition internationale du surréalisme de 1947. Une image le représentant est glissée dans le dossier, et l'on s'aperçoit qu'il a des airs de famille avec certaine Mariée de Duchamp, même si une note de Breton suggère de*

remplacer la photo le représentant par un autre document (mais lequel? les archives ne le disent pas). Benjamin Péret le nourrit de rognures métalliques dorées.
Chemise titrée par André Breton d'un des 12 autels de l'exposition surréaliste à la Galerie Maeght en 1947 (l'ensemble sous chemise à ruban titré par André Breton).
VII. Le soigneur de gravité, note autographe de Breton et photographie de «La mariée mise à nu par ses célibataires même», titré par Breton au verso avec une note autographe; photographie prise par John Schiff. La photographie comporte des chiffres et des lettres de la main de Breton, contrecollés sur la photographie au recto (25,2 x 17,2 cm)" (http://www.andrebreton.fr/work/56600100864400)

[432]http://www.amber-ambre-inclusions.info/nuova%20ginecologia_ostetricia.htm#Pessari_

[433]http://art.rmngp.fr/fr/library/artworks/yves-tanguy_jacqueline-lamba_andre-breton_cadavre-exquis-l_papiers-colles_papier-quadrille_1938

[434]http://www.amber-ambre-inclusions.info/images/pelvimetro%20breisky.JPG   et
http://www.amber-ambre-inclusions.info/images/pelvimetro%20breisky%20(1).JPG

[435]Cf. par ex. http://exhibits.hsl.virginia.edu/romansurgical/ et http://exhibits.hsl.virginia.edu/hist-images/antiqua/VSpeculum.jpg

[436]http://art.rmngp.fr/fr/library/artworks/marcel-duchamp_buttoir-de-vie-arretant-l-elan_crayon-dessin_crayon-de-couleur_encre-violette

[437]https://i.pinimg.com/originals/7f/51/9e/7f519e95a44a7a0e02d0c6ad41b6a6be.jpg

[438]http://spoonfiles.konstvet.uu.se/image/900x683/fr_duchamp_jugglrofgravity3.jpg

[439]Lyotard, Fig. 3 p. 25. "*The drawing that Duchamp made in February 1968, a few months before his death, shows us "his last Bride" [Ill. 3], wrapped in her fantasmatic halo, this Hanged Female, this time entirely of flesh. Figurative continuity from the Auvard valve to the Hanged Female, from the Hanged Female to the "last Bride" that he takes with him into death, the coherence is rather unbearable...* " (*Ibid.*, p. 35)

[440]https://www.pinterest.fr/pin/131167407880689082/

[441]https://commons.wikimedia.org/wiki/File:Henry_Savage,_The_surgery,_surgical_pathology..._Wellcome_L0013907.jpg

[442]https://commons.wikimedia.org/wiki/File:Gynaecology-1822.jpg?uselang=fr

[443]   http://www.encyclopedie-universelle.net/abeille1/abeille-apis-mellifera-appareil-reproducteur-male.gif

[444]http://www.encyclopedie-universelle.net/abeille1/abeille-abdomen-reine-vierge.gif

[445]Tel qu'on le trouve, par exemple, dans l'édition de 1541 du *Musculorum humani corporis picturata dissectio* de Giovanni Battista Canano et Girolamo da Carpi, https://www.pinterest.fr/pin/434315957795381741/; mais aussi, plus généralement, pour d'autres images du même type, cf. https://www.pinterest.fr/eberthiaud/histoire-obst%C3%A9trique-gyn%C3%A9cologie/?lp=true

[446]https://en.wikipedia.org/wiki/File:Pelvicdouche.jpg

[447]https://i.pinimg.com/474x/cb/8c/c9/cb8cc97958302c33d343c3d813007e23--medical-history-instruments.jpg

[448]Jean Jacques Lebel, *Chimères,* N°5/6, 1988, http://www.revue-chimeres.fr/drupal_chimeres/files/05chi09.pdf

[449]https://undeuxtroisduchamp.wordpress.com/1913-1923/

[450]https://it.wikipedia.org/wiki/File:Baigneurs,_Paul_C%C3%A9zanne,_1899-1900,_mus%C3%A9e_d%27Orsay.jpg

[451]Entrevue avec Philippe Colin pour l'exposition de *ready-mades* de Juin 1967 à la Galerie Givaudan (*Ready-mades et éditions de et sur Marcel Duchamp,* 8 Juin-30 Septembre, https://fr.wikipedia.org/wiki/Claude_Givaudan#Expositions_m%C3%A9morables), https://www.youtube.com/watch?v=imMthTQLo_Y

[452]https://undeuxtroisduchamp.wordpress.com/1902-1910/

[453]*Ibid.*

[454]https://undeuxtroisduchamp.wordpress.com/1911-1912/

[455]https://undeuxtroisduchamp.wordpress.com/1913-1923/
[456]*Ibid.*
[457]https://undeuxtroisduchamp.wordpress.com/1913-1923/

SOMMAIRE GÉNÉRAL
DE L'OUVRAGE